中国古代生活史

回首阅明

明朝生活图志

王建辉 著

中国财经出版传媒集团
中国财政经济出版社

序　言

中国是一个有着悠久历史的文明古国，在漫长的历史岁月中，勤劳、智慧的中华各族人民，曾经创造出举世闻名的政治、经济、文化、科技文明成果。这些物质文明与精神文明的优秀成果，是中国古代各族人民在长期的生产劳动和社会实践中，智慧与汗水的结晶；同时，这些成果的推广与普及，又作用于人们的日常生产与生活，使之更加丰富多彩，更具科技、文化、艺术的魅力。

中国古代的社会生活，不仅内容宏富，绚丽多姿，而且源远流长，传承有序。作为一门学科的中国社会生活史，以历史中带有宽泛内约意义的社会生活运作事象作为研究对象，它是历史学的一个重要分支，有助于人们更全面、更形象地了解历史原貌。关于生活史在历史学中的地位，英国著名历史学家哈罗德·铂金曾这样说道："灰姑娘变成了一位公主，即使政治史和经济史不允许她取得独立地位，那么她也算得上是历史研究中的皇后。"①

然而这位"皇后"在中国却历尽坎坷，步履维艰，她或为其他学科的绿荫所遮盖，或为时代风暴扬起的尘沙所掩蔽，在很长一段时间内中国社会生活史没有打下坚实的理论基础，也没有清理出必要的历史资料，整体性的研究尤其薄弱，甚至于今日提到"生活史"这个词，许多人仍不乏茫然之感。

① 参见蔡少卿主编：《再现过去：社会史的理论视野》，浙江人民出版社 1988 年版，第 144 页。

社会生活史在中国的萌芽可追溯至古代。中国古代史学家治史，都十分注意搜集、整理有关社会生活方面的史料。如孔子辑集的《诗经》，采诗以观民风，凡邑聚分布迁移、氏族家族组织、衣食住行、劳动场景、男女恋情婚媾、风尚礼俗等等，均有披露。《十三经》中的《礼记》《仪礼》，对古代社会的宗法制、庙制、丧葬制、婚媾、人际交往、穿着时尚、生儿育女、敬老养老、起居仪节等社会生活资料，作了繁缛纳范，可谓是一本贵族立身处世的生活手册。司马迁在《史记·货殖列传》中描述了全国20多个地区的风土人情：临淄地区，“其俗宽缓阔达，而足智。好议论，地重，难动摇，怯于众斗，勇于持刺，故多劫人者”。长安地区，“四方辐凑并至而会，地小人众，故其民益玩巧而事末也”。他并非仅仅罗列现象，还力图作出自认为言之成理的说明。如他在解释代北[1]民情为何“慓悍”时说，这里“迫近北夷，师旅亟往，中国委输时有奇羡。其民羯以不均”。而齐地人民“地重，难动摇”的原因在于这里的自然环境和生产状况是“宜桑麻”耕种。这些出自古人有意无意拾掇下的社会生活史素材，对于揭示丰富多彩的历史演进中外在表象和内在规律之间的联系，无疑具有积极意义，将其视作有关社会生活研究的有机部分，似也未尝不可。

在西方，社会生活史作为一个学科是伴随着20世纪初社会学的兴起而出现的。开风气之先的是法国的“年鉴学派”。他们主张从人们的日常生活出发，追踪一个社会物质文明的发展过程，并进而分析社会的经济生活和结构以及全部社会的精神状态。“年鉴学派”的代表人物雅克·勒维尔（Jacques Revel，1942—　）在《法国史》一书中指出：重要的社会

---

① 代北：古地区名。泛指汉、晋时期的代郡和唐以后的代州北部及以北地区。地理范围在今山西北部及河北西北部一带。

制度的演变、革命以及改革等等历史内容虽然重要，但是，“法国历史从此以后也是耕地形式和家庭结构的历史，食品的历史，梦想和爱情方式的历史”。史学家布罗代尔（Fernand Braudel，1902—1985）在其《15至18世纪物质文明、经济和资本主义》一书中，将首卷即题为《日常生活的结构》，叙述了15—18世纪世界人口的分布和生长规律，各地居民的日常起居、食品结构以及服饰、技术的发展和货币状况，表明他对于社会生活是高度关注的。而历史学家米什列（Michelet，1798—1874）在《法兰西史》一书的序言中则直接对以往历史学的缺陷进行了抨击：第一，在物质方面，它只看到人的出身和地位，看不到地理、气候、食物等因素对人的影响；第二，在精神方面，它只谈君主和政治行为，而忽视了观念、习俗以及民族灵魂的内在作用。年鉴学派主张把新的观念和新的方法引入历史研究领域，其理论不仅震撼了法国的史学界，而且深刻影响了整个现代西方史学的发展。

在20世纪初“西学东渐”的大潮中，社会生活史研究与方法也被介绍到中国，并迅速蔚成风气。揭橥大旗的是梁启超。他在《中国史叙论》中激烈地抨击旧史“不过记述一二有权力者兴亡隆替之事，虽名为史，实不过是帝王家谱”，指出：“匹夫匹妇”的“日用饮食之活动”，对于“一社会、一时代之共同心理、共同习惯”的形成，极具重要意义。为此，他在拟定中国史提纲时，专门列入了“衣食住等状况”、“货币使用、所有权之保护、救济政策之实施”以及“人口增殖迁转之状况”[①]等等社会生活内容，从而开启了中国社会生活史研究的新局面。

在20世纪的二三十年代，我国史学界的诸多研究者都涉足中国社会

① 以上参见梁启超《饮冰室合集·文集》第一册，中华书局1994年版。

生活史研究领域，分别从社会学、民族学、民俗学、历史学、文化学的角度，对古代社会各阶层人们的物质、精神、民俗、生产、科技、风尚生活的状况，进行探究，并取得了丰硕的成果。但这一研究的真正全面展开，却是20世纪80年代以来的事情。在这个时期里，社会生活史研究这位“皇后”在经历了时代的风风雨雨之后，终于走出“冷宫”重见天日，成为史苑里的一株奇葩，成为近年来中国史学繁荣的显著标志。社会生活史研究的复兴，反映了史学思想的巨大变革。一方面它体现了人的价值日益受到了重视，把“自上而下”看历史变为“自下而上”看历史，这是一种全新的历史观。另一方面，它表明人类文化，不仅是思想的精彩绝伦和文物制度的美轮美奂，而且深深地植根于社会生活之中。如果没有社会生活这片“沃土”的浸润，人类文化将失去生命力。

这一时期的生活史研究，受到方方面面的关注和支持。这些年先后在天津、南京、成都、沈阳、西安、上海召开了数届全国性学术研讨会。其中1986年10月，南开大学历史系、《历史研究》杂志社和天津人民出版社联合发起在天津召开的中国首届“中国社会史学术研究会”，是中国社会生活史研究的新起点、新开端，是社会生活史在走向成熟的道路上迈出的关键一步。从此，社会生活史研究成为历史研究中颇为绚丽的篇章，至今方兴未艾，其成果如雨后春笋，不胜枚举。社会生活史的大型丛书有中国社会科学院历史研究所诸多资深专家学者撰著的从夏朝至清朝的社会生活史丛书，另有由上海文艺出版社于2001年推出的多卷本《中国风俗通史》等。此外较为重要的单册图书有林永匡、王熹的《食道·官道·医道》（1989），汪福宝、庄华峰主编的《中国饮食文化辞典》（1994），林永匡、王熹的《中国节令史》（1995），龚书铎主编的《中国社会通史》（共8卷，1996），庄华峰的《中国婚姻史》（1996），徐吉军的《中国丧葬史》（1998），彭卫的《汉代社会风尚研究》（1998），郝春文的《唐后期五代宋初敦煌僧尼的社会生活》（1998），郭振华的《中国古代人生礼俗文化》（1998），孙立群的《中国古代的士人生活》（2003），常建华的《婚姻内外的古代女性》（2006），包铭新的《西域异服：丝绸之路出土古代服饰复原研究》（2007），萧默的《古代建筑营造之道》（2008），王景琳的《中国古代寺院生活》（2009），庄华峰的《魏晋南北朝社会》（2009），张伯山、张维夏的《正在消失的中国古文明：古民俗》（2012），郭东旭等的《宋代民间法律生活研究》（2012），陈瑛的《中国古代道德生活史》（2012），沈泓的《古代生活：民间年画中的脉脉温情》（2013），阎爱民的《中国古代的家教》（2013），庄华峰的《中国社会生活史》（2版，2014）等著作，这些作品对社会生活史的研究工作起到了极其重要的推动作用。

然而我们注意到，尽管近年来中国社会生活史的研究取得了长足的进步，但与政治史、制度史、经济史等研究领域相比，其成果还是相对单薄的。个中原因可能是多方面的，但与人们的治史理念当不无关系。

我们觉得，史学研究应当坚持“三个面向”，即面向大众、面向生活、面向社会。“面向大众”就是“眼睛向下看”，去关注社会下层的人与事；“面向生活”就是走近社会大众的生活状态，包括生活习惯、社会心理、风俗民情、经济生活，等等；“面向社会”则是强调治史者要有现实关怀，史学研究要为经济社会发展提供智力支持。而近年来我总感到，当下的史学研究有时有点像得了“自闭症”，常常孤芳自赏地将自己封闭在学术的象牙塔里，抱着“精英阶层”的傲慢，进行着所谓“纯学理性”探究，责难非专业人士对知识的缺失。在这里，我并非否定进行学术性探究的必要性，毕竟探求历史的本真，是史学研究的第一要务，而且探求历史的真相，就如同于计算圆周率，永无穷期。但是，如果我们的史学研究不能够启迪当世、昭示未来，不能够通过历史的讲述去构建一个国家的认同，史学作品不能够成为读者启迪人生的向导，相反却自顾自地远离公众领域，远离社会大众，使历史成为纯粹精英的历史，成为干瘪的没血没肉的历史，成为冷冰冰的没有温情的历史，自然也就成了人们不愿接近的历史，这样的学术研究还会有生机吗？因此，我觉得我们的史学研究要转向（当然这方面已有许多学者做得很好了），治史者要有人文情怀，要着力打捞下层的历史，多写一些雅俗共享、有亲和力的著作，总之一句话，我们的史学研究要“接地气”，这样，我们的研究工作才有意义。

上海沐来文化传播有限公司策划了一套中国古代社会生活方面的丛书，以此来重拾远逝的文化记忆，走进古人的生活。丛书内容涵盖古代衣、食、住、行诸方面，这是一套雅俗共享的读物。作者在尊重历史事实的前提下，采用图文并茂的形式，用生动活泼的语言来彰显古代社会生活的活力和特色。编辑出版这套丛书，是一件“接地气”的好事，它对于社会生活史研究园地而言，既是锦上添花，又可以说是雪中送炭。它一定会获得广大读者的青睐。故乐而为之序。

庄华峰[1]

2014 年 2 月 18 日于安徽师范大学惜墨斋

[1] 庄华峰：男，安徽歙县人。武汉大学中国古代史博士，研究方向为魏晋隋唐史、中国社会史、中国社会生活史、中国民俗研究、中国经济史，著有《中国婚姻史》《中国社会生活史》等多部著作。曾任安徽师范大学社会学院副院长、安徽师范大学图书馆馆长。此外，对大学书法亦有深入研究，是中国当代青年书法家，享受国务院特殊津贴。

目 录

霓裳羽衣

珍馐玉馔

雕梁画栋

车马骈阗

冠带之国

霓裳羽衣

锦衣寒布，天下冷暖尽皆知。

明·唐寅《陶谷弱兰图》
本图描摹的是明朝文人雅士饮宴娱乐的场景。图中的主人、乐姬与侍女身穿不同样式的服制，以显示各自的阶层、身份和地位。

明·佚名《徐光启像》

明代的服饰具有鲜明的等级色彩，徐光启跻身于士大夫阶层，所穿官服作为职业装的一种，不论是面料还是设计，都相当考究。

中国素有“衣冠王国”的美誉，服饰的发展有着非常悠久的历史。从周代开始，衣冠服饰就被规范到严格的礼制中了，成为“昭名分、辨等威”的媒介。不同阶层、不同群体或是不同职业的人们都有专门的服饰规范，彼此之间不能僭越。早在公元前636年就发生过这么一个悲催的故事：郑国一个叫臧的人逃到宋国，喜欢戴用鹬[1]毛做的帽子，这种材质和样式在当时看来很古怪。郑伯听说之后，受不了，也许是觉得臧在外丢了郑人的脸吧，就找到个机会把他骗出来杀掉了。所以，知道这件事的古人就感叹“服之不衷，身之灾也”。意思就是说，穿了不该穿的衣服，就会给自己带来不好的影响，甚至是灾难。这样的例子不绝于册。

在中国历史上，每当朝代更迭，用新的朝代名，取新的年号，改易新的服饰都是开国之君的首要大事。1271年蒙古人建立元朝，在近90年的统治里带来了大量的“胡服、胡语”。有人说：“崖山之后无中国，明亡之后无华夏。”元代

①鹬[yù]，一种水鸟，羽毛茶褐色，嘴、脚较长，趾间无蹼，常在水边或田野中捕食鱼虫和贝类。

是汉族文化的一个断层，在服饰制度上造成了汉唐风格的毁灭。明太祖朱元璋在应天（今江苏省南京市）称帝之后，借恢复汉唐宋制，弘扬汉族为主体的正统统治来确立自身称帝的合法性，陆续颁布了一套服饰制度，形成了明初完备而严苛的服制。古人云：人无常心，习以成性；国无常俗，教则移风。明代服饰包含了伦理与等级的因素，是传统的一面；也有较多的创造，出现了新款式、新设计，是“新”的体现。这种“新”还表现在进口布料和服饰的流行上。明中期以降，随着商品经济和市镇的发展，多样化的社会分工得以出现，服饰诡制迭出，这又是奇的一面；而且地区经济、社会发展不平衡，各时段、各地区也呈现明显的差异。同时，蒙古服饰的因素并没有完全被剔除，在民间依然有影响。总体来讲，明朝服饰创制的初衷是追求“敦朴之风”和“等级有序”，是礼与俭的兼容。服制在面料、样式、尺寸、颜色等方面旨在体现等级有差。我们经常说传统的社会是儒家社会，信奉的是“儒教”，而儒教的很多信条都是通过各种各样的礼制来实现的，服制就是其中一种。

皇帝的新装

在写新装之前，先说说新皇帝。明朝开国皇帝朱元璋注定是时代的幸运儿，他生于1328年，称帝于1368年，驾崩于1398年，享年71岁。1328年10月21日朱元璋出生在安徽凤阳小溪河镇燃灯寺村，原名朱重八。据说重八出生的时候红光满地，夜间房屋中出现奇异的光芒，邻居以为是着火了，提着水桶来救火。这些都记载在《明实录》上，不过，很显然《明实录》的记载并不属实。重八的父亲朱五四和母亲陈二娘都是普通农民，家境贫寒。重八小时候给地主刘家放牛，长到16岁时，淮北大旱，父母兄姐先后饿死，迫于生计只好跑到凤阳县城皇觉寺出家。入寺不久，由于饥荒严重，寺里和尚不得不轮流出去化缘，也就是讨饭，如此一晃就是三四年的光景。一个16岁的男孩，举目无亲，相貌丑陋，当个小和尚，还常年在外要饭吃，如同丧家之犬、街头老鼠，人人都可以看不起你，人人都可以欺负你。不过也正是这段流离的岁月，帮助重八开阔了视野，增长了见识。

1352年重八听从了同乡好友汤和的建议，到濠州（今安徽凤阳）投入红巾军首领郭子兴门下。估计是老天感念重八前十几年吃的苦太多了，自从抱住郭子兴的大腿后，他的人生就一步步走上了草根逆袭的高速公路。郭子兴非常器重重八，不但为他改名叫元璋，让他在亲兵营效力，还把义女马姑娘下嫁给他。不久，朱元璋就成了红巾军将领，他打着红巾军的旗号外出招人，攻城拔寨壮大队伍。郭子兴死后，朱元璋接手了郭氏产业，带领自己的兄弟占领了南京，并以此为中心扩展地盘，先后消灭了陈友谅、张士诚和方国珍的势力，最后挥师北伐，于1368年攻入北京，把元顺帝赶走了。

纵观朱元璋的奋斗史，应该说他具备了成功人士的标准性格，比如，心肠狠、眼光准、事业心强、为人处事虚伪、精力无限，等等。终于在他40岁那年，泥腿子朱元璋登上了皇帝的宝座，成为中国历史上第二个农民出身的皇帝。

新皇帝即位，新黄袍自然是不能少的。其实，早在朱元璋做吴国公的时候就讨论过大家穿什么衣服的问题，到了1368年要建立新朝代、开辟新纪元，皇帝服饰的设计和制作就成了第一急务。满朝博学硕儒日夜苦思冥想，不断翻阅古籍，到底还是找到了模板。那时没有什么搜索引擎，不能下载，只有手工查找，还得描摹。好在新时代、新气象，君臣齐动手，来把新装裁做。不出多日，一张理想的设计图就跃然纸上了。明太祖朱元璋幼年悲惨，少年流落，青年在战乱中求生，中年在夹缝中称霸，正验证了“吃得苦中苦，方为人上人”的古训。苦中之苦淬炼的不仅仅是朱元璋的能力和心智，也造成了他冷酷、严苛、雄猜

左：明·佚名《明太祖坐像图》，北京故宫博物院
右：明太祖遗像图，民间收藏
从帝王肖像里我们能窥见统治者的意志，如朱元璋的御容就有真疑之别。现存北京故宫博物院的真容，其雍容大度的气质构成了理想的帝王相貌；而流散民间的疑容，显然被丑化扭曲，似乎是皇帝有意为之。朱元璋有意制造奇异之像，以五官象征五岳朝天，黑痣代表七十二煞，以貌似“猪相”示人，表明“猪龙形一”，借此笼络民心以成大业。为江山社稷而如此这般“自黑”，朱元璋此举在历代帝王中是绝无仅有的。

的性格。杭州府学教授徐一夔曾经在书上用“光天之下”“天生圣人”“为世作则”等语赞美朱元璋。朱元璋看到之后，先是不语，想了一会儿便雷霆震怒。他认为“光”是指光头，“生”就是“僧”，是在骂他当过和尚，“则”与贼读音相近，意在骂他做过贼，一怒之下竟下令把徐一夔杀了。可见奉承也是一门技术活。

朱元璋比任何人都知道生存的艰辛，也比任何人都明白命运是极其的微妙。所以，他一朝称雄，就绝对不允许任何威胁的存在。这从他用人的制衡、制度的严密以及晚年滥杀功臣等都能看出。朱元璋对服饰规格的极端重视也体现了他绝对权威、无法撼动的皇权思想。

明朝皇帝的第一件新装就是衮冕服。古人认为上天创造万民，并让贤德的人来治理，皇帝就是万民表率，应该敬天爱人，衮冕服就是这种意义的象征。衮冕服由冕冠和礼服两部分组成，一般与腰带和红色靴子相配。冕的样式主要为前圆后方，象征天圆地方；玄表纁里，外黑里红，象征天玄地黄。冠冕是一个圆筒式的帽卷，上覆盖一块木质的冕板，宽一尺二寸（一尺等于 33.3 厘米），长二尺四寸；冕顶有长方板，称为“延”，后高前低，略向前倾；延的前面挂着“旒”，旒就是冕前后的玉串，用五彩的丝绳接连而成，前后各有 12 旒，每旒穿五彩玉珠 12 颗，每颗间距一寸，象征着岁月的流转。冕板加在发髻上，要横插一长笄（簪），用来固定冕。笄的两端绕颔下系一小丝带，称为“紘”。用一条叫枕的丝绳挂下一个绵丸，称为“纩”。纩下端装饰有玉，称为“瑱”。用丝绵做成球的饰品，垂挂在耳边，提醒君王不能听信谗言。大明天子的冕冠戴在头上前低后高，象征天子对百姓的关怀，也是“冕”字的本意所在。

明朝开国皇帝给后世树立了很好的爱民榜样。相传朱元璋在称帝之前，一天在雪地里遇见葛恩，一时兴起随口搭讪了一句：“天寒地冻，出来何事？”葛恩回答：“穷百姓鹑衣百结，不知何以御寒，放心不下，特出来看看。”朱元璋有感此人关心民间疾苦，有心招揽，便出了一联：“天寒地冻，水无一点

大明永乐皇帝朱棣坐像

不成冰。”（“冰”的古体字是水字加一点。）葛恩听罢，随口答来：“国乱民愁，王不出头谁做主。”朱元璋听后大喜，于是就把葛恩请入帐下。

明世宗朝发生“大礼仪”之争，为世宗摇旗呐喊的重要大臣张璁时常作诗:“一饭还三叹，黎民正阻饥”；“有雪未为瑞，凶年正可悲。流民几行乞，粒米不成炊”；“年饥难独乐，官冗得偷闲”，言语间表达出对黎民百姓生计的担忧。可见这种忧国忧民的情愫是历代明君贤臣的内在素养。

与冕配套的礼服叫衮服，衮服由上衣和下裳组成。上衣用青黑色，象征天。

衮服 12 纹章复原图

明世宗衮服坐像轴

下裳用黄赤色，象征地。上衣和下裳各绘有六种不同的纹样，合称十二纹章。从里到外，包括玄衣、黄裳、白罗中单、黻领、青缘襈、玉革带、玉佩、大绶小绶、黄袜、黄舄等。玄衣上面织有日、月、星、辰，代表光辉；山，代表稳重；龙，代表变化；华虫（雉鸡），代表文采。六章分别是：黄裳上面绣火，代表热量；宗彝，代表智勇双全；藻，代表纯净；粉米，代表滋养；黼，代表决断；黻，代表去恶存善。

朱元璋穿着新款服装登上了皇位，心里好不得意。不过，人的品位是不断变化的，洪武二十六年（1393）他又对皇服进行了一次改良。他的儿孙继承了他爱美的脾性，对美的内涵有不同的见解，因此皇服的款式也在不断改进。明太宗朱棣于永乐三年（1405）把冕冠的原材料改成了皂纱，把衮服改为玄衣八章，纁裳四章。嘉靖八年（1529），嘉靖帝明世宗为了寻求与证实自身是“正统”和“嫡传”，进行了“大礼仪”的改革，并借此机会把冕服也改了一次。

总体上来看，明朝开国皇帝的新装从洪武元年确定之后，几经修改，不过变化不大，明世宗改过之后，一直到明亡，这套黄袍的样式就再也没有变过。

明朝皇帝标准坐像

明朝的黄袍虽然几经改革但总体变化不大。自从明世宗借“大礼仪”改革之机顺带着把冕服也变革了一番之后，明朝皇帝的标准行头就再也没变过。难怪一代代明朝君主看起来总是那副千年不变的坐姿和模样呢！

贵贱冷暖，或长或短

明代士绅百姓都是在头顶上束发。男子的服装以袍衫或短褐为主，衣袖宽肥，直领和斜领两种最为常见。具体来说，朝廷官员头戴乌纱，身穿圆领袍，腰束带，脚着黑靴。生员则是头裹软巾，腰系垂带，身着襕衫用玉色布绢制成，袖子比较宽博，袖口有黑色缘饰。衙门中的差役、皂隶等一般穿用棉布制成的青色布衣，衣的腰下部打着许多密褶，腰间还束有红布织成的腰带。百姓都是辫发椎髻，衣服为袴褶窄袖，还有辫线腰褶。缙绅们是“峨冠博带”，劳动工人则为“短衣帮”。 在江湖上，还有专门的隐语代指各类服饰，如衣服叫“袍帐”，裤子叫“汉子”，裙子叫“围竿子”，袜子叫“挪同”，鞋叫“挪上”，等等。

明·佚名《明宪宗元宵节行乐图》（局部）
此图描绘了明宪宗在宫廷大摆豪宴、欢度节日的情景。穿着短褐或赤膊上身的皇家演员们扮作平民，为身着长袍的宪宗和达官贵人们献上热闹非凡的民间杂耍。

从明代的资料记载中，我们可以稍稍了解到当时部分平民百姓的日常装束。平民服装以紫、蓝、青、白为主。崇祯（1628—1644）末年，农民军攻入北京城，皇族为了避难，乔装成百姓时就是头上戴着皂布巾，身上穿着青布棉袄、紫花布袷衣，穿着白布裤、白布袜或蓝布裙、蓝布鞋。

明初，朝廷规定青布直身是庶民日常服饰。成化（1465—1487）以前，平民不论贫富都遵守朝廷的服制，这从反映这个时期社会生活的很多作品中都可以看出，如《皇都积胜图》《明宪宗元宵节行乐图》《南都繁会图卷》。对于一些贫困潦倒的底层民众而言，服饰制度可有可无，没有什么实际意义，因为他们根本没有能力去违反制度。他们衣衫褴褛，冬天还是一身单衣，穿着草鞋或者破旧布鞋；有的年老发脱，既没有造型，也没有发型。他们处在社会的边缘，也处于服饰制度之外。

利玛窦[①]在《中国札记》里提到直身：

明·史学迁，翁正春收藏《皇都积胜图》（局部）

①利玛窦（Matteo Ricci，1552—1610），意大利籍天主教耶稣会传教士，原名中文直译为马泰奥·里奇，明神宗万历十一来到中国，取汉名为利玛窦，号西泰，又号清泰、西江，当时的士大夫称之为“泰西儒士”。他是天主教在中国传播的开拓者之一，也是一位对中国文化进行研究和传播的西方学者。

明·仇英《清明上河图》局部
明朝市井盛况

男女都穿拖到脚面的外衣。男人的袍子在胸前交迭起来，用扣子把里褶固定在左臂下面，外褶则固定在右臂下面。女人是把袍子在前面扣住。

“男女都穿拖到脚面的外衣”就是“直身”，也叫“直掇”，有点类似道袍。《西游记》第十四回“心猿归正，六贼无踪”这则故事也提到了这种服饰。孙悟空与师傅唐僧赌气出走，要回花果山水帘洞重操旧业，占山为王。半路上遇到龙王，龙王劝说孙悟空保唐僧去西天取经修成正果才有出路，孙悟空被说动又回到唐僧身边，整理包裹时发现了“光艳艳的一领棉布直裰”和“一顶嵌金花帽”。

从汉代女装发展到明代水田衣复原图

孙悟空好奇心重，随口就问道："这衣帽是东土带来的？"这明明是观音菩萨化身为一位"老母"送来的，唐僧却回道："是我小时穿戴的。这帽子若戴了，不用教经，就会念经；这衣服若穿了，不用演礼，就会行礼。"孙悟空信以为真，央求着"好师傅，把与我穿戴了罢"。唐僧还故作关心"只怕长短不一，你若穿得，就穿了罢"，等孙悟空一穿上，师傅就默默地试了一遍紧箍咒。

对这种直身的描述还见于葡萄牙人克鲁士①写的《中国志》："他们普通的服装是长袍。他们平时穿黑布袍。穷人一般穿白布袍，因为价钱便宜些。"

这也说明了，日常穿扮取决于经济生活水平。这种长袍一般离地面五寸，袖子长过手指六寸，穿的时候袖口折回来，袖口周长五寸，袖桩一尺。

①克鲁士（Fr.Gaspar da cruz，1520—1570。葡萄牙多明我会士，明嘉靖三十五年从柬埔寨进入中国，在广州停留了几个星期，又在沿海停留了几个月。所著《中国志》1570 年在葡萄牙出版，是第一部欧洲出版的专门描写中国的著作。）

《金瓶梅词话》等作品中对明代服饰有非常丰富的描写。市井小民经常是身穿硬浆白布衫；有钱的公子哥头戴缨子帽，身穿绿罗褶、清水袜，脚着细结底陈桥鞋，手摇洒金川扇。游手好闲的头顶玄罗帽、身穿天青夹纱褶子。妖娆妇女头上一个缠髻，画眉画眼，纱裙罩着大红纱裤，若隐若现。

明·杜堇《明十八学士图屏（画篇）》

画作以唐朝贞观十八学士的故事为题材，分为琴、棋、书、画四场景，图中为“画”的部分。画作描绘的虽为唐代文人雅士，但衣着方面却体现出浓郁的明朝风范。

农民日常劳作以短衣为主，夏天上身赤裸或只穿一件小布背心，春秋季有交领窄袖短衫或长衫，下身有过膝短裤或长裤。明代施耐庵所著《水浒传》中，“阮氏三兄弟”之“短命二郎”阮小五，本是渔夫，就“披着一领旧布衫”，“匾扎起裤子，上面围着一条间道棋子布手巾”。男女短衣显然是出于劳作便利的考虑。农夫和渔民等从事生产劳动，上身以斜领右衽的短褐或短式布衫为主，下身穿裤，裤子有短裤和长裤之分，裤脚宽窄不同。明代还规定，只有农夫享有戴着斗笠、蒲笠出

从汉代女装发展到明代水田衣复原图

在历代女性服饰的演变史上，明朝的水田衣可谓别有风致。水田衣看上去似是由一片片方形碎花布拼接而成的长袍，与当代人所崇尚的波西米亚田园风格颇有异曲同工之妙。

入市井的“特权”。

陈宝良所著的《明代社会生活史》提及正德、嘉靖年间，南京城里的医生外出，一般是戴着圆帽，穿着青布曳撒，腰上系一条小皂绦，脚穿白皮靴。脚夫头戴阔边深网巾，穿着青布衫裤，手上搭着青布长手巾，拖着一双靸鞋[①]。

棉布在明代是使用最普遍的布料。说到棉布，不得不说一下明代盛行一时的“衲衣”。衲衣源自袈裟。袈裟作为出家修行僧人的衣着起于晋，兴在唐。因为是以各色零碎布片拼做成的成衣，所以称为衲衣。唐人参照衲衣的风格，有的在整块布上设计出大小不一的碎片，呈纵横交错状，从远处看过去像一块块的水稻田，所以又叫“水田衣”。王维就有“乞饭从香积，裁衣学水田”的诗句。明代的水田衣则更加随意、杂乱，还施以深浅各异的颜色。水田衣在明代的流行程度大大超过了前代，特别是在妇女老人中。苏松一带纺织业发达，织工善

① 靸鞋，无跟之鞋，即拖鞋。

织一种衲布，以衲布为原料制成的棉布衣，也叫衲衣，普及率也很高。

明人小说《韩湘子全传》第十四回“闯华筵湘子谈天，养元阳退之不悟”中，韩湘子潇洒自娱，唱过一首《古衲歌》来回应世俗的讥讽：

> 衲头不中看，不是妙罗不是绢，不是绫绸不是缎。冬天穿上暖如绵，夏天穿着如扇扇。也不染，也不练，不用红花不用靛，功到自然成一变。线脚八万四千行，补丁六百七十片。不拆洗，不替换，不怕风吹雪扑面。烧不焦，浸不烂，不怕刀枪不怕箭。严霜骤雨总一般，风寒暑湿皆方便。

以前的农家老太太都有一个针线盒，里面除了针线包，还有大大小小的布片、纽扣等，打补丁就是靠的这个。有些贫困之家，布头、布片舍不得丢弃，有时到富裕之家讨来一些，甚至在街头摊面上捡来，用浆糊一层一层贴在一起，压严实，晾干，纳上线，于是就成了“百衲衣”或“百家衣”。富裕之家，则是用上好的料子特意做成水田样式。

明·曾鲸《张卿子像》
明朝儒士的传统装扮。

四方平定与六合一统

传统服饰中，用于头部装饰的称为饰首，也叫首服，包括冠、巾、帽等。其中“冠”一般来说具有社会权力的象征意义，只有贵族和官员才能佩戴。“巾”与“帽”起源于最早的头布，李时珍曾言：“以尺布裹头为巾，后世以纱罗布葛缝合，方者曰巾，圆者曰帽。”

明朝上承蒙古族建立的元朝，下接满族建立的清朝，夹在两个“异族”政权之间，其饰首有着非常显著的汉族特色。

按照史料记载，元代男子“其发或辫，或打纱罗椎，庶民则椎髻”，就是编成辫子，或者结成椎形的发髻。清代发式大家都比较熟悉，就是剃发留辫，已经不再弄成高高的发髻了。其实清朝入关之后，头发已经保留了很多，最初满族人的头发基本上都剃掉，就在后脑部留少量头发编成一条辫子，有人戏称

《杨维桢像》 摘自《吴郡名贤图传赞》卷三
明朝服饰中的“饰首”文化具有非常显著的汉族特色。

为“猪尾巴”。

我们可以看出，少数民族的发式和汉族有明显的区别。汉族都是束发于顶，而少数民族一般是编发垂于后或把辫子盘在头上，而且经常喜欢把头发剃短或剃光。汉族对头发的这种“珍视”与“爱护”被外国人认为是对头发的“迷信”。葡萄牙人克鲁士（Fr. Gaspar da Cruz，1520—1570）曾这样描述明代男子头发：

> 他们的头发留得跟女人的一般长，梳理干净，每天梳好几次头，他们把头发在头顶上系紧，拿一根细长银针穿过顶髻。没有结婚的年轻单身汉，把头发在前额梳成分缝形式，帽子戴在分缝上让它看得见。他们对头发有一种迷信，因此他们把它留得长长的，以为他们可以靠它升天堂。

克鲁士的描述向我们传达了这样的一些讯息：明代成年人与儿童发式不同。男子未成年以前，把头发梳成左右两个结，称为“总角”，除了总角，还有垂下来的头发，称为“垂髫”。这种情况在当代的农村还偶尔能看到。15岁之后，基本上就可以举行冠礼了，到了晚明，不等冠礼就自行头戴网巾，冠礼的意义不断被削弱。汉族也梳发髻，还用发簪等物装饰、固定。不论男女，除非自然掉发、脱发，否则绝不人为修剪，损坏他人头发是严重的挑衅和侮辱。这与儒家 “身体发肤，受之父母”的伦理思想相关。

西班牙人拉达[①]也写道：

> 他们因一头长发而骄傲。他们让头发长得长长的，把它盘成一个髻，留在头顶，然后他们给它罩上个发网，中央分开，以保持和固定发型，

① 拉达（Martín de Rada，1533—1578）明万历三年到福建泉州、福州等地停留了三个多月，此后编撰了汉语词典和游记。

戴以鸡毛制的帽子。这是他们一般的头饰。但他们长官的帽子是另外的类型，用最精美的线织成，里头的发网用金线织成。他们每天早晨要花很多时间梳理头发。

上文提到的网巾是明代特有的头饰。关于网巾还有一段有趣的记载，这在郎瑛编撰的《七修类稿》中被提到过，《明史》中也有简略的记载，但《明太祖实录》中没有记载。洪武三年（1370）某天，明太祖微服私访来到神乐观，看见很多道士头结网巾，便询问这是什么。道士解释说用这种网巾来裹头束发，效果非常好，可以“万发俱齐”，不会散乱。明太祖回宫之后，对网巾还心存好奇，第二天就命人找来网巾，仔细研究、试用之后，觉得确实非常好，就颁布全国，建议使用。于是天子也开始使用网巾。

自此流行开的网巾，是用棕丝、丝帛等编织成的网状头饰，和渔网非常相似。网巾的边缘用帛等布料织边，里面穿一条绳子，网巾戴在头上，上端还编织了一个小孔，如果有发髻可以自然穿过。精致的网巾还在边口上缀一个金属或玉制的小圈固定，也会在绳子上挂上玉珠之类装饰。网巾由一总绳栓紧，罩在头上，可以起到“尽收鬃发（中华）”的效果，所以又形象地称为“一统山河”或“一

明代儒士肖像画
戴儒巾、穿大袖是明代儒士的标准服饰。

统天和”。后来，网巾的编织材料用落发、马鬃，质地更加柔软、自然。材料不断变化的同时，网巾的形制也发生了较大改变，如出现了更加简便的“懒收网”。虽然网巾的使用没有限制，但是寻常百姓和官宦贵族在样式、戴法等方面都有较大的差别。

明代程万里辑的《汇选倒挂枝儿》中有一首《汗巾儿本是丝织就》歌：

汗巾儿本是丝织就，
上写着相思诗一首，
临行时放在你衫儿袖。

朱悦燫墓出土的戴瓜皮帽陶俑像
信奉“身体发肤，受之父母，不可毁伤”的明朝人从不理发，他们的头饰款式花样丰富多变，既可妥帖束发又满足了人们的爱美之心。图中陶俑所戴的瓜皮帽正是风靡民间的一款帽饰。

你若害相思，汗巾儿时念头，
要解愁肠，紧紧拿在手。

这首民歌中女子把随手携带的汗巾当作爱情的信物送给情郎，由此我们更进一步知道，巾原来是一种佩饰。为什么会有这种佩饰呢？除了实用之外，据说还有一种教育意味。因为“巾者，谨也”，就是提醒人们要懂得谨慎、勤谨、恭谨。

从手巾又演化出头巾。《七修类稿》中又记载了一个小故事。明太祖召见浙江诗人杨维桢，杨戴着方顶大巾去谒见，太祖问这是什么，他答是四方平定巾——看来杨很会说话，太祖大喜，方顶大巾就推广开了。同样的故事记载还见于《明太祖实录》：“（洪武三年）复制四方平定巾，颁行天下。”事实上，四方平定巾是明代官员和读书人常戴的便帽，戴在头上呈四角方形，不用的时候可以随意折叠。

明·曾鲸《王时敏小像图》（局部）
画中俊秀文人头上所戴的便帽正是“四方平定巾”。此帽本是一块乌黑色的头巾，用时戴在头上呈四方形，不用时则折叠收存。

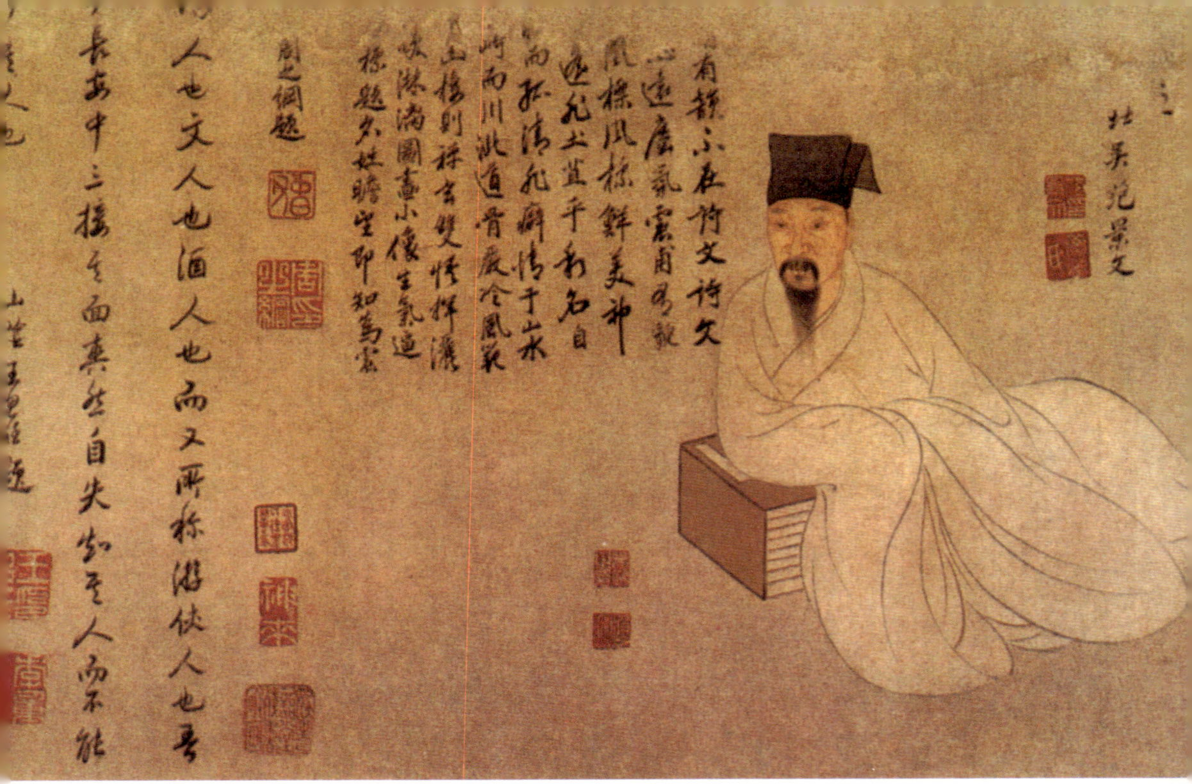

手巾到四方平定巾，是一种复杂的演化，比头巾还复杂的演化，那就是帽子了。明代的帽子用料遍及动植物，如藤竹、纻丝、马尾、牛尾等。

明间最流行的是瓜皮帽，又名“瓜拉帽”“六合一统帽”或小帽。“六合”代指天、地、四方，六合一统体现了大一统的王朝观念。同时，“六”又实指瓜皮帽的造型，是用六块布料缝接而成，俗称“六瓣合缝”。上面合成帽顶，帽顶可以用水晶或香木，帽子下边再缝制一圈帽檐。

六合一统帽据说也是在明太祖手上流行起来的。徐珂的《清稗类钞》说：“小帽，便帽也。春冬所戴也，已缎为之。夏秋所戴者，以实地纱为之。色皆黑，六瓣合缝，缀以檐如筒。创于明太祖，以取六合一统之意。”

看来明太祖和老百姓心心相印，从他手上推广出来的事物都在民间广为流行。《枣林杂记》中提到一个丁县令的父亲，深明大义，教育儿子做好官，要在老百姓中树立口碑。丁县令父亲说：“你们这行戴纱帽的人说好，我不信，当差的说好，我更不信，穿青衿的读书人说好，亦不信，惟瓜皮帽子说好，我就信了。”

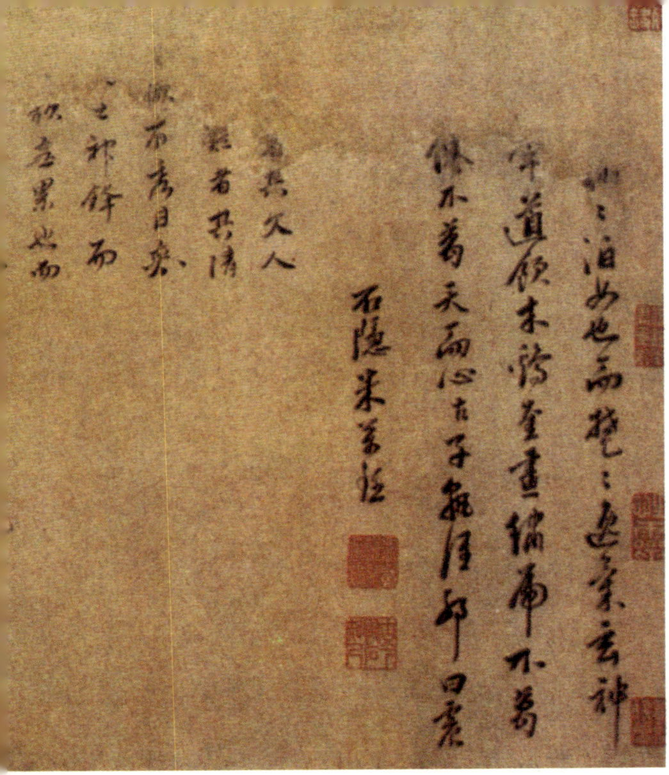

明·曾鲸《葛一龙像》
明代文人的巾帽不仅种类繁多而且俊秀儒雅。图中人物葛一龙倚书斜坐，头戴微微透明的纱制巾帽，轻薄的巾帽材质和秀雅清新的白色服饰相互辉映，颇显仪容清爽俊秀。

瓜皮帽说好，就是老百姓说好。瓜皮帽成了平民百姓的代名词。这种帽子一直流行到清朝，经过民国，乃至新中国成立之后还存在。

明代的巾、帽类别看上去似乎比以往历朝历代都繁多。除了上面着重提到的四方平定巾，还有汗巾、晋巾、唐巾、诸葛巾、纯阳巾、东坡巾、程巾、四开巾、勇巾等，可达几十种。这些名色，有的是更早时候传下来的，如儒巾、软巾、诸葛巾、东坡巾、山谷巾。有的是明人发明的，四方平定巾就是一种，还有陈献章“玉台巾”，按照玉台山的形状制作。还有一种凌云巾，据说形状诡异被禁用了。

冠、帽有幞头、冲天冠、圆帽、席帽等，当然了还有草帽。不胜枚举。

“一统山河”的网巾、“四方平定”的头巾，加上“六合一统”的帽子，看上去“官话”十足的服饰，实际上不在朝廷命官的服制之内，而是百姓最常用的冠服。严格意义上说，这三类首服只是平常头饰、便帽而已，不是正式的冠。

明·陈洪绶《歌诗图》
立轴画卷之上，主人吟诗，女眷执阮，歌诗相和，幽梅做伴。画中人皆着便服，男子所戴便帽尤为休闲清逸。

世变与移俗

忍不住的世变，来了服妖

1368年的一天下午，微风拂面，阳光和煦。一群士兵和路人在大街上游戏，他们身穿艳丽服装，截短靴子的高帮，还装点以金色丝线，用现代话来形容就是装扮得很潮。突然街头来了一群衣着冷峻的公差，才亮出身份令牌的工夫，就把他们全部拿下了。结果，这群玩心重的家伙全部被朝廷处以剁脚的刑罚，自此之后只能用双手走路，其罪名就是他们随意修改服装款式，严重违反了朝廷颁布的服饰诏令。由此可见明初服饰制度的严苛。

然而等到李乐（1532—1618）撰写《见闻杂记》之时，他却记载了明代万历年间（1573—1620），学道在浙江湖州府巡视的时候，发现很多生员“口脂面药”，“俱红丝束发”。此处有诗为证：

昨日到城市，
归来泪满襟。
遍身女衣者，
尽是读书人。

李乐老先生惊讶地发现，街上的秀才们毫无男儿模样，全是女人装扮：红绳子扎头，抹红嘴唇，涂脂施粉，衣着艳丽。老先生感慨万千，差一点就老泪纵横，不禁改古诗一首。实际上，这种情形在当时已经十分普遍，纵然老先生感叹也无法改变这样的风气了。在政治管束不断放松的情况下，由于经济发展、思想变化而引起的世变和僭越之风首先起于内宫和缙绅之家，大张于教坊妇女，流行于民间百姓。正如张瀚所言：“国朝士女服饰，皆有定制。洪武时律令严明，一人遵画一之法。代变风移，人皆志于尊崇富侈，不复知有明禁，群相蹈之。”

这不仅仅是“富奢”了，简直就是“非主流”。到了晚明，异言异服的“怪人”，僭奢淫佚的富人到处都是。朝廷禁止不了，官府也无可奈何。

社会服饰风气发展成这样，有着一个渐变的过程。洪武年间（1368—1398），官员在雨天可以戴雨帽；到了天顺年间（1457—1464），官员不仅戴雨帽还自行穿上了雨衣，而且用面料精致的红毡，称为“红毡雨衫”。再说方巾，上一节已经说到过一种四方平定巾，一般都是知识分子戴得比较多，也是一种被大众接受的着装习惯。但是到了晚明，很多车夫、杂役也都服用原本读书人才穿戴的“儒服儒冠”。很多文盲、苦力、小商人也头顶方巾、小帽，看上去文质彬彬，就像《泉州府志》描述的兽医、马夫、佣人都戴巾帽，穿长袍，“炫然摇曳于都市”。这就造成了人物的气质与服饰不搭，或从服饰上不能准确辨认其人物身份的社会乱象。社会边缘民众把服饰的“借越”当作了自我认可和安慰的工具，服饰也成了商人和市民的“银招牌”，用来显露自己的财富。

此外，还有一种服饰的泛滥是因为家族中有一位成员取得了功名。如果家族中有人中举，其他社会成员都可以佩戴儒巾，称为“袭荫巾”。当时流传一句谚语“满城文运转，遍地是方巾”。看来只要你想戴，一切都能成为理由。

明代服饰等级制度自创立起，就不断有人违例穿戴。到了永乐（1403—1424）、洪熙年间（1424—1425），突破服饰禁令的现象就时有所见，当时的教坊司乐人的靴帽服饰经常违例。英宗时期，朝廷对服饰一再申禁。天顺年间，朝廷又重新下令，在服饰花样上禁止一般平民的衣服擅用蟒龙、飞鱼、大鹏、狮子、四宝相花等，使得已经松动的服饰制度重新趋向严格了。不过，明代服饰风尚的根本性转变发生在成化、弘治（1488—1505）之后，样式开始翻新，而且不分男女，面料也日渐奢华，民间对官方的服饰禁令已是名存实亡，有史料揭示：俗尚敦朴，自昔已然。

明代白话短篇小说《蒋兴哥重会珍珠衫》中提到过一件“珍珠衫”。女主角三巧儿，“便去开箱，取出一件宝贝，叫做‘珍珠衫’，递与陈大郎道：‘这件衫儿，是蒋门祖传之物，暑天若穿了他，清凉透骨。此去天道渐热，正用得着。奴家把与你做个纪念，穿了此衫，就如奴家贴体一般。’陈大郎哭得出声不得，软做一堆。妇人把衫儿亲手与汉子穿下，叫丫鬟开了门户，亲自送他出门，再三珍重而别。诗曰：昔年含泪别夫郎，今日悲啼送所欢。堪恨妇人多水性，招来野鸟胜文鸾”。“陈大郎有了这珍珠衫儿，每日贴体穿着，便夜间脱下，也放在被窝中同睡，寸步不离”。这种珍珠衫是用上等的料子做里衣，再缀上珍珠，利用其凉爽、光滑和对身体有益的特性，起到解暑的作用。如此名贵的珍珠衫，市井民家居然也可以拥有，由此也可看出社会财富对国家权力的解构。

在社会风气的带动下，棉料衣服花样繁多，原先的细简褶、夹裙、棉裙已经没有人穿了，须得绢、纻等好料子制的艳服，男的冠巾丝履，女子珠翠金饰，已是“趋奇炫诡”，甚至是“饰以王服”，世风为之大变。许多人把明代这种服饰风气的变化称为“世变”。之所以称为世变，是因为这种变化不局限于社会上层，广泛的下层民众也参与其中，并且推动这种服饰的变化逾越了常规。

永乐以后，尽管朝廷仍然强调服饰的等级禁令，但事实上对民间服饰的控制在不断放松。仁宗即位不到一年，宣宗、孝宗宽仁行政，武宗、宪宗又疏于政务。皇帝权贵享受太平，王纲松弛，宦官权臣相继当道，倾重私利，社会控制不断松懈。

纺织技术、染织技术不断提升，明末刺绣工艺进一步发展，纺织工具也得到极大的改良，花机和腰机成为当时主要的织机。官府和民间纺织作坊大量涌现，如工部的文思院、织染所，内府监的内织染局、针工局、巾帽局、尚衣局。民间作坊在数量和质量上都有突破。江南一带出现了杭州、嘉兴、湖州、宿州这样以丝绸生产、销售为主的“丝绸之都”，次级市镇也蓬勃兴起。松江拥有全国最大的棉市场，号称“衣被天下”。此外，不同地域的城镇也出现了各自的衣料特产，如浙江宁波、绍兴的精葛布，广东增城的女葛。

明中期之后从事商业活动的人越来越多，商业繁荣，沿海贸易和海外贸易也兴盛起来了。东南半壁沿海出现数十座较大的城市，为人们突破制度的压制，

明·宋应星《天工开物》（手工宣纸线装，一函三册）
此图为根据民国涉园陶湘刊本影印的繁体竖版。

从满足初级的生活需要走向审美旨趣和个性解放奠定了物质基础。

除了上述的因素，思潮和学术的转变也助推了“世变”。正德（1491—1521）开始，朝政在宦官与权臣的交替中日益黯淡，皇帝对士大夫的蛮横专制动辄廷杖，极大地打击了士大夫的积极性，影响了士人世风。王学的兴起，逐渐抛弃了理学的桎梏，不断追求个体的体验。

诸多因素的综合，导致了晚明奢侈的特征。随着世变而来的是人们在服饰时尚上出现的变态心理，或者说是非常态的心理，那就是“服妖”的出现。有人说服妖是一种病态心理，甚至被认为是一种“乱象”。服妖突出一个“奇”字：奇怪、奇特、奇异，在服饰上一反常态。比如说男女错位，内衣与外衣换

明代纺织图，摘自《天工开物》
在明代，纺织工具有了极大的改良。花机和腰机成为当时的主要织机。价格亲民的棉花和价格昂贵的丝绸都是当时颇受欢迎的纺织原材料。

位。有人去拜访唐伯虎（1470—1523），他却穿着妇女的衣饰和一个和尚在下棋。袁宏道（1568—1610）记载过一个“醉叟”，“冠七梁冠，衣绣衣，高权阔辅，修髯便腹，望之如悍将军”。苏州人卜孟硕（1613—1644），夏天的时候“首挽高髻，身穿大红皮袍，跣足行歌市中”。还有一个奇人顾玉川更为夸张，经常身穿纸做的衣服、头戴纸糊的冠帽，怡然自得，飘然过市。

服妖的出现大多是那些性格放荡不羁、行为不拘一格的人们所推动的，展现了自我解放的心理诉求，暗含了对现实社会的不满和无声的谴责，不排除社会的跟风心理使其进一步扩大。这种世变和服妖极大地冲击了明代的等级制度。此外，晚明还有一个群体性的现象，就是男子装扮的女性化和女装的男装化倾向。

明清易代之际，“秦淮八艳”之首柳如是（1618—1664），曾经飘落松江，自号“影怜”。她就经常男扮女装，和当时的社党文人座谈、唱和，还曾化名柳儒士，与钱谦益（1582—1664）相遇，在乱世中萌发了一段与国仇家恨纠葛不清的爱情故事。

明·仇英《贵妃晓妆》（人物故事图册）
此图描绘了杨贵妃和宫女的梳妆场景。画家仇英所生活的明朝中后期，“世变”打破了刻板的服饰风俗，女性服饰的明艳和时尚足以媲美盛唐。

妓女的风骚引领潮流——时世装

晚明期间，江南的妓女和苏州城的妇女基本上引领着时代服装的潮流。这是因为这些女人们有钱打扮，有时间打扮，自己也会打扮，而且她们的服饰更新快、关注度高，很容易成为被模仿的对象。

江南一带，社会地位稍好一些的青楼妓女，其日常装扮全由嫖客们包办。同时，老鸨本人有一定的审美能力，也有经济实力为她们包装，至于那些名妓就更不用说了。这些青楼女子对全国各种服饰样式无不通晓，平日穿扮追求“素颜”和“清纯”美。俗话说得好，“若要俏，三分孝”，她们以淡雅朴素为主，在素白之中显露妖娆媚态。随着四季变化，其衣料和款式不断变换，时人称为“时世装”，也就是今天所谓的“时装”了。当时的时装以“苏样”和“苏意”最为流行。服装样式新鲜离奇的，一般称为“苏样”；其他新鲜的事物，也就称为“苏意”。这两词的知名度显然很高。据说，杭州新来了一位知府，刚上任不久就抓捕了一个犯罪分子，要枷号示众，一看这个犯人身穿窄袜浅鞋，一副流行做派，该知府就在书封上写下“苏意犯人”四个大字，这个故事一时成为笑谈。

明末时装色彩纷呈，有天蓝，蓝色绿，水绿，水红，荔枝红，橘皮红，墨色，月色等不下二十种。面料以轻盈、稀薄最为流行，更新迅速，从十年变换一次，到二、三年一换，甚至是一年一换。

明末南京名妓董小宛，色艺绝佳，名动一时。才子冒襄用海外流入的西洋布替她做了一件红底白罩的罗衫，董小宛穿在身上，迎风楚楚，“不减张丽华桂宫霓裳”，宛若《洛神赋》中的描述：

> 其形也，翩若惊鸿，婉若游龙，
> 荣曜秋菊，华茂春松。
> 仿佛兮若轻云之蔽月，飘摇兮若流风之回雪。

远而望之，皎若太阳升朝霞。
迫而察之，灼若芙蕖出渌波。

据说，董小宛就是顺治的董鄂妃。冒襄在《影梅庵忆语》中梦见董小宛被人抢去。也许这是事实，只是冒襄不敢直说。吴伟业有诗：“掌上珊瑚怜不得，却教移作上阳花。”我们都知道上阳宫是唐朝的宫殿，这里代指皇宫，有可能是暗示董小宛入宫。董鄂妃在顺治十七年（1660）病逝，第二年顺治帝就驾崩了，由此又流传了顺治为情出家的历史故事。

明代五梁冠木雕像（正面）
梁冠是明代的一种历史悠久的官帽，由汉代流行的“进贤冠”演变而来。这尊雕塑中的人物所戴的五梁冠是三品官衔的象征。

"禽兽"与"蟒"

明代陈汝元在《金莲记》中说:"人人骂我做衣冠禽兽,个个识我是文物穿窬。"可见"衣冠禽兽"这成语来自明代,原来的意思是指当官的人,后来演变为贬义词。据说这也是因为明代中晚期以来许多官员贪污腐败、为非作歹,被老百姓痛恨。提及用"衣冠禽兽"来代指官员,这就要从明代的官员服制说开去。

就像我们现代人穿衣区分正装和便装一样,明代文武官员的服装也需要区别礼服和便服。礼服是出席正式场合时的穿扮,有朝服、祭服、公服。便服,肯定就是日常生活和半正式场合的穿扮,分为常服和忠靖冠。官员朝服是官员参加大祀、庆成、冬至等典礼时的穿着,无论职位高低,都要头戴梁冠,身穿赤罗衣裳,官员的品位则以服色和冠上的梁数、所拿的笏板以及所佩戴的印绶来区分。明太祖规定大朝会天子着衮冕服时百官须穿朝服,百官拜见太子时穿公服。官员的公服以花式区分级别。一品用圆径五寸的大独科花,二品用三寸的小独科花,三品用二寸没有枝叶的散花,四品、五品用一寸半的小杂花,六品、七品用一寸的小杂花,八品、九品不用花式。在京官员每日早朝奏事及侍班、谢恩、见辞穿公服,在外官员每日也需着公服列席公座。官员平常在属衙办公可穿常服。常服除了颜色不同外,还在于前胸和后背上绣的方形"补子"不同,文官绣禽,武官绣兽。动物的图形也不同,文官一品仙鹤,二品锦鸡,三品孔雀,四品云雁,五品白鹇,六品鹭鸶,七品鸂鶒,八品黄鹂,九品鹌鹑;武官一品、二品狮子,三品、四品虎豹,五品熊罴,六品、七品彪,八品犀牛,九品海马。此外,都御史、按察使等均绣獬豸。《明代驿站考》一书附录《士商类要》中收录明代日常知识通俗易记的各式歌谣,其中就有"文官服饰"歌:"一二仙鹤与锦鸡,三四孔雀云雁飞。五品白鹇惟一样,六七鹭鸶鸂鶒宜。八九品官与杂职,鹌鹑练雀与黄鹂。风宪衙门专执法,特加獬豸迈伦夷。""武官服饰"歌:"公侯驸马伯,麒麟白泽裘。一二绣狮子,三四虎豹优。五品熊罴俊,六七定为彪。八九是海马,

补服一对（五品文职白鹇补子）

明朝文武百官将“补子”缝在官服的前胸后背。图中的补子，藏青地，平绣技法配四边绣回纹边饰，图案为白鹇鸟，为五品文官所用，造型灵秀生动。

花样有犀牛。”这种服制似乎也寓意着满朝文武都是真龙天子的羽翼爪牙。朝服是在朝廷的重要集会时穿，公服是每天早上在大堂公座穿，常服就不一样了，日常办公、外出考察都可以穿。老百姓有机会、有时间看得最多的就是官员的常服，也因此对常服最熟悉，印象也最深刻，“衣冠禽兽”因此也成了官员的代表符号。事实上人们平常所说的乌纱帽也是常服中的官帽。

蟒服是一种特殊的服饰，不在官员服制之内，而是明朝内官、大臣蒙恩获赐的赐服。比如，根据明沈德符（1578—1642）在《万历野获编》补遗中的记载：“蟒衣如象龙之服，与至尊所御袍相肖，当减以爪耳。”而《元典章》记载不花帖木耳上奏：“街市卖的缎子似皇上御穿的一般，用大龙，只少一箇爪子。”不花帖木耳是元攻打南宋的重要将领，曾率兵赴襄阳，与宋将范文虎大战于灌子滩。这说明早在宋末元初，蟒服就已经出现在街头市面上了。

到了明朝，这种服饰依然存在，特别是弘治年间，都察院左副都御史边镛上奏请求禁止“内外官僭乞蟒衣”，说：“蟒者，大蛇。初无蟒龙之称，盖蟒乃蛇属，非龙类。蟒无角、无足，龙则角、足俱焉。今织蟒衣者，类为龙形而非蟒象，名虽蟒，实则龙也”，还建议“凡内外言有曾受赐及自制者，无间新旧，悉令进缴，自今内外机房不许织造，违者论之以法”。这说明蟒服的传播已经触及了当时的服饰制度，同时也反映了那个时候很多官员都以穿蟒服为荣，经常恳请皇帝赏赐一件。在乞求、穿着蟒服的人群中要数内官最多。内臣其实就是宦官，除非派遣外出，一般都是深居皇宫，除了皇帝和部分大臣能经常接触，多数平民百姓是见不到的。万历年间太监刘若愚在《酌中志》中提到：“祖宗设立内官，其巾帽服佩自有一定制度，其名色多非外廷所晓。”内臣服饰按照品级划分，有品级的“葵花胸背团领衫，不拘颜色，乌纱帽，犀角带”，无品级的“常服团领衫，无胸背花，不拘颜色，乌角束带，乌纱帽。垂软带。年十五以下者，惟带乌纱小顶帽”。永乐年间，内臣有时穿的衣服和同级别官员一样。内臣侍奉左右，穿戴着绣有飞鱼纹样的服饰，有的得到皇帝的宠信，被

明代墨绿地妆花纱蟒衣

此衣是山东曲阜孔府旧藏蟒衣，此衣形制为交领，右衽、长阔袖，左右开裾，暗褶，镶本色料领缘，加白暗花纱护领，其工艺繁复，以平纹组织起暗花四合如意连云纹，间饰如意头、金锭、火珠、方胜、古线、犀角、珊瑚等杂宝纹，同时兼用织金妆花的技法，堪称明代纺织工艺的杰出作品。

赐蟒服。弘治和天启年间，内臣的服饰发生了很大的变化，且随着内臣实力的膨胀和影响力的扩大，内臣不再仅仅穿蟒服，因此孝宗曾对辅臣刘健说"内官不知道理，尤多僭妄"，明确提出了蟒、龙、飞鱼、斗牛等不许用。明代后期，内臣僭越蟒服的现象越来越严重，不但有了朝冠，而且佩戴都属违例。到了天启年间（1621—1627），魏忠贤专权，内臣已经戴九梁朝冠。

既然提到宦官，不妨岔开去，谈一些历史的话外音。虽然明太祖严禁宦官读书识字参政，但是洪武年间大量任用宦官的记录不禁让人疑窦丛生。永乐时期，明成祖不仅大量使用宦官，还开始挑选部分有文化的入侍东宫。仁宣时期，票拟制度开始形成，即奏章由大臣看过并拟定需要批复的旨意，再由皇帝改成红批发出。仁宣之后，皇帝越来越懒，奏章堆积如山，宦官不看就无人再过目，总不能大臣看完，由大臣拟定之后又私自换成红批，那样太过危险。皇帝为了

明代红地飞鱼纹纱单袍

此袍是明代常见皇帝亲赐服饰的一种，其身长 120 厘米，腰宽 60 厘米，袖长 78 厘米，袖宽 68 厘米，暗缠枝花卉纹地，以小立领右襟、阔袖为式样，因为前胸后背及直通袖口处，绣有蟒身鱼尾的神兽“飞鱼”和五彩的海水江崖的彩织，故得名“飞鱼袍”。

省事就由宦官亲自操笔。宦官由此衙门化，逐渐形成了系统的组织，其中最重要的是司礼监和御马监。而宦官同时开始接受系统的教育，文华殿东庑和司礼监内书堂是教习宦官的地方，由翰林院学士担任教官，教授宦官断文识字、讲求义理。

明朝文官集团与内官之间的斗争此消彼长。内官是文官的学生，但又经常违背老师的教诲成为不肖弟子，祸乱国政。一边是衣冠禽兽，捍卫儒道，另一边是蟒袍加身，肆意妄为，两者之间禽兽与蟒服的斗争贯穿了整个明朝中后期，此消彼长中，士人群体的心态不断发生变化，帝国的命运也日趋惨淡。

明成祖在永乐二十二年（1424）七月间去世，死在北征阿鲁台后班师回朝的路上。随军大臣和宦官马云等秘不发丧，回京之后才公开死讯，遵遗命传位给皇太子朱高炽，这便是明仁宗。仁宗在位时间很短，从永乐二十二年八月间即位至第二年洪熙元年（1425）五月去世，算起来在位只有十个月。在明仁宗之后是明宣宗朱瞻基——因其酷爱蛐蛐，被后人称为“促织天子”，细算起来在位时间也不足十年。继之皇位的是明英宗朱祁镇，登基的时候虚岁九岁，所以英宗是明朝第一个儿童皇帝。明代开始出现了权倾人臣的苗头，而这第一个大宦官就是王振。明朝的皇帝总会和个别太监特别的投缘。英宗撞见王振这位先生可谓是一拍即合。刘球生于洪武二十五年（1392），江西安福人，永乐十九年（1421）辛丑中科举进士。刘球中了进士之后，并没有立马做官，却又回到家里读了十年书。刘球在经学上取得的成就很多，撰有《两溪文集》二十四卷。他学问做得越好，投入其名下执弟子礼的学子也就越多，一度颇有时誉。王振为了立功，怂恿明英宗同意征讨西南的麓川，但是刘球上书直言反对，这让王振很恼火。恰好正统八年（1443）奉天殿遭到雷击，英宗依例下诏求言，刘球应诏上书，列举了应停办之事，又进谏麓川用兵之举，希望英宗亲自处理政务，使政归一，避免大权旁落。王振得知此事气炸了，认为刘球冥顽不灵，事事针对，简直是自寻死路，所以命人把刘球关进诏狱。在一个深夜里，刘球被锦衣卫的人杀了，尸体被砍成几块，在狱中掩埋。家人得知此事到处寻尸，最后只找到一只手臂，在狱友那里找到一条血裙，用血裙裹着手臂入殓，其状惨不忍睹。

更惨的还不止如此。

到了宪宗朝，又出现了开厂的大宦官汪直。汪直，瑶人，是在征讨瑶地时俘虏回来的，生得俊美异常而被净身收入内廷。从这点我们也可以猜到明代的宦官一般都是帅哥，虽然去了势，但依旧吸引力不菲（想必越得宠的应该越帅）。汪直新开西厂为了立威，到处杀人放火，并干了一件大事。明初名臣“三杨”中“东杨”杨荣的曾孙杨晔和他的父亲杨泰二人，在老家被仇人控告，跑到京城，躲在杨晔的姐夫董玙家里避难。董玙和韦瑛认识，就托韦瑛代为料理一下。韦瑛把这件事情告诉汪直，汪直却认为杨晔藏有赃银，要他交出来（看来办事情转托是很危险的）。汪直使用了当时发明的“弹琵琶”的酷刑来逼问杨晔。《明

明代竹根雕宦官持如意像

东林书院

始建于北宋的东林书院在明朝万历年间被东林学者修缮并重新启用，成为江南文人议论国事的主要舆论中心。后魏忠贤下令禁毁。

史》记载："琶者，锦衣酷刑也。骨节皆寸解，绝而复苏。"杨晔被"弹"三次，实在忍不住，便谎称赃银藏在叔父兵部主事杨士伟家里。汪直把杨士伟一家妻儿一起逮捕拷问，最后杨晔死在狱中，父亲杨泰被问斩刑，杨士伟也被革职。这件案子，一是牵涉名相，二是出了人命，搞得太大，一时间惊动了阁臣、大学士、尚书、九卿等内僚，待细察之后，众人纷纷上奏说汪直无事生非，草菅人命，坚决要求裁撤西厂。首辅商辂是明代唯一一个连中三元的人，为人正直，联名大臣上奏，言辞恳切，阁臣刘翊说到激愤处还不断落泪，宪宗觉得理亏，同意撤销西厂。最终汪直被宦官内部"狗咬狗"，落得个身败名裂的下场。

宪宗之后是孝宗，《明史》评价他："恭俭有制，勤政爱民，兢兢于保泰持盈之道，用使朝序清宁，民物康阜。"所以弘治朝没有出现权倾朝野的宦官。孝宗去世后，十五岁的武宗即位，次年改元正德。早在东宫时，随侍太监中就有以刘瑾为首的"八虎"，天天围着小太子组织各种玩乐，当时人们把东宫称为"百戏场"。可悲的武宗自小就被带坏了，终其一生都没能自拔，即位之后在刘瑾的诱导下可谓是越玩越离谱。先是在宫中开店铺，后来又开妓院，闹个没完。这可急坏了一些正直的大臣们，其中更有人不顾身家性命，联名上书请求严惩八虎。"卑视一世"的文章高手李梦阳更是起草了《劾宦官状》，"造巧伪淫荡上心"，"明正典刑，以同天地之变，以泄神人之愤"。"禽兽"们连声结气，声势汹汹的控告吓到了武宗，但年轻的皇帝经不住老太监的一顿哭诉，心一软，不但偏护了刘瑾，还惩治了首先进谏的大臣，内阁成员谢迁、刘健告老还乡，只好作罢。在"禽兽"与"蟒服"的斗争中，后者取得了胜利。至此，刘瑾气焰更加嚣张，又建立了豹房，安排众多乐户、美女供武宗享用，武宗也玩得更加肆无忌惮，刘瑾就靠着武宗的宠幸权倾朝野。刘瑾得势时，不断罗织罪状，炮制"奸党"

名单，其中就包括大学士刘建、谢迁，户部尚书韩文，郎中李梦阳，主事王守仁等五十三人。正德二年（1507），刘瑾假传圣旨贬李梦阳为山西布政司经历（掌管出纳文件的闲职务），并勒令其退职回家。后刘瑾继续“织罪”，使李梦阳入狱，多亏康海力求，才使李梦阳免除一死。在那个政治形势复杂多变的时代，文学成就卓著的才子，既要保持锋芒追求正义，又要在政治上讲求体面，且顾及身家性命，难免会顾此失彼。武宗之后，经过了世宗嘉靖、穆宗隆庆、神宗万历、光宗泰昌百余年的时间，到了熹宗天启年间出现了一个“九千九百岁”。万历四十八年（1620）是很复杂的一年，明神宗朱翊钧在七月去世，明光宗朱常洛八月即位，九月驾崩。九月初六，由长子朱由校继任，次年改元天启，就是明熹宗。

天启皇帝出生于万历三十三年（1605），当时其父虽被立为皇太子多年，但一直身处风雨飘摇的政治环境之中，其生母王选侍为人平常但去世较早，幼小的皇帝只得一直由乳母客氏抚养，这使得他对乳母依恋有加，甚至在继位之初就把客氏封为奉圣夫人。童年时光对男人一生的影响不言而喻，明熹宗却不明就里地喜欢上刀锯斧凿等活计，而且每次都做到废寝忘食的境地，他也因此被称为“木匠皇帝”。魏忠贤总是趁他全神贯注于做木工时，拿重要的奏章去请他批阅，熹宗随口一句：“朕已悉矣！汝辈好自为之。”这便大开魏忠贤专擅朝政之门。天启五年（1625）魏忠贤借熊廷弼案，诬陷东林党的左光斗、杨涟、周起元、周顺昌、缪昌期等人有贪赃之罪，大施酷刑，使得此六人惨死狱中，史称“六君子之狱”。

佚名 · 清代晚期绘制的明官人画像

明代五梁冠木雕像（反面）

女人妆，摇曳在红尘中

昨夜海棠初着雨，数点轻盈娇欲语。
佳人晓起出兰房，折来对镜化红妆。
问郎花好奴颜好？郎道不如花窈窕。
佳人闻语发娇嗔，不信死花胜活人。
将花揉碎掷郎前：请郎今日伴花眠！

——唐寅《妒花》

女人的化妆雅称“打扮”，又可以称为“装扮”。宋人黄公绍有诗云：“朝了霍山朝岳帝，十分打扮是杭州。”这“十分打扮”四字，写尽了杭州的美不胜收，从中也体味出打扮对美貌呈现效果的重大意义。明代胡宗宪幕僚沈明臣有词：“女儿装扮采莲来。”宋代诗人何应龙《有所见》也道：“沈不着画罗金缕衣，寻常打扮最相宜。春风燕子楼前过，飘落梨花雪一枝。”古代女子化妆，用粉敷面，用黛填额画眉，粉黛就是指美女，“回眸一笑百媚生，六宫粉黛无颜色”。所以说，一般女子还真不能不打扮，除非长相特别得不一般，如嫫母、无盐、宿瘤、孟关、阮氏、黄月英这些历史上著名的丑女，贤能胜过了一切美貌，再美的装扮、再珍贵的胭脂在她们那里都成了“俗物”。不过像贾南风这样的不良丑女，倒也验证了“丑妇多作怪”的古训。明初，马皇后生活简朴、素颜淡妆，但很关心士人妻子的装扮需求，经常赐给一些生活拮据的读书人家“花粉鞋步钱”，弹指之间不知为皇帝丈夫收纳了多少士心民意。明代妇女化妆，名色繁多，女人们穿衣打扮母女沿袭，变化也不会太突兀。不过随着经济社会的发展和风气的变化，新的样式也层出不穷。

面妆

最早的面妆就是在脸上涂染红色，一开始用天然的赤铁矿，后来用朱砂。大约到了汉代，人们学会了种植红花。红花是菊科植物，开花的时候殷红一片，十分艳丽。采摘下来之后，经过提取，就可以做成胭脂。在胭脂里加入牛髓、油脂等，就做成了胭脂膏，在宋应星的《天工开物》和李时珍（1518—1593）的《本草纲目》中都曾记录有红花种植和提取红色素的方法。

“胭脂花粉”固定搭配，涂胭脂之前，用妆粉打底。妆粉主要用铅粉和米粉。明代有用紫茉莉花仁提炼成的妆粉，雅称“珍珠粉”，用玉簪花与胡粉混合成的是“玉簪粉”。明末秦征兰《天启宫词》里有“与玉簪香粉蒸初熟，藏却珍珠待暖风”之句。因为珍珠粉遇到西风会变干燥，所以秋冬不用珍珠粉，用玉簪粉。玉簪花过了冬就失去了香味，所以到了来年的立春之后就不用了，开始用珍珠粉。

明·陈洪绶《对镜仕女图》
明朝女性崇尚妆容打扮。清晨起来阳光明媚，美丽婀娜的仕女对着菱花镜子用香粉和胭脂装扮容颜，颇有浪漫的生活情趣。

这两种妆粉由明熹宗张皇后从民间带进宫中，风靡一时，但是由于崇祯皇帝不喜欢宫眷涂粉，每次看到后宫们施粉太重就会无奈地笑道："活脱像庙中鬼脸。"因此，明末宫中也时兴了一阵淡妆。高档妆粉都会进行深加工，加入香料、辅料，如珍珠粉等，既能用来化妆，又能起到护理的作用。

明代有一种流行的调粉方法，那就是宋诩在《竹屿山房杂部》中提到的"鸡子粉"："今熬制熟鹅膏，和合香油，和粉匀面，发光泽而馨。"先将熟鹅膏与香油混合均匀，再用这种油性的面脂来调粉。《金瓶梅》二十九回提到的"将茉莉花蕊儿搅酥油、淀粉"，也是粉与油混合的常用的调粉方法。这样混合使用之后，脸部会更加光泽、滋润。

一般妆粉都是一层一层涂上去的，用粉扑的比较多。粉扑多为丝绵制品，也叫香绵、绵扑。

古代女子盛粉的妆奁中有时也会养着绿金蝉，绿金蝉其实就是背壳闪闪发出金绿色光的金龟子（学名"铜绿丽金龟"），称之为养粉。

明人陈铎写了一首《胭粉铺》歌，描述了城市中专门卖胭脂花粉的店铺，不妨引述一回：

铅华光净蜡膏新，闺阁传闻，农妆常见倚衔门，休错认；金马记来真。

花容月面添风韵，更休提樊素樱唇。

粉晕妍，脂香润，古来曾论，红粉赠佳人。

眉眼妆

《诗》有"螓首蛾眉，巧笑倩兮，美目盼兮"一句，描写齐女庄姜出嫁卫庄公的盛况，刻画了庄姜高贵、美丽的形象，描写细致，比喻新鲜，以致清人姚际恒由衷感叹："千古颂美人者无出其右，是为绝唱。"这一幅妙绝千古的"美人图"，留给人们最鲜活的印象，是那倩丽的巧笑，流盼的美目，即"巧笑倩兮，美目盼兮”，当然还有“蛾眉”。

明人高应有一首《怨别》歌曲，描摹妇女相思之苦，就有关于眉妆的记载。歌曲道：

柳花杏花飞满荼藤架，三春魂梦绕天涯，眉淡了无心画。待月弓鞋，偷香罗帕，这情思岂是假？若他负咱，天也难甘罢！

眉的样子，因人而异，千差万别。有的人天生眉毛细长，不必修饰，而有的人先天粗短，需要修饰。明代《新编百妓评品》描写了一个浓眉的妓女：

半额翠蛾，扬效东施，柳叶苍，春山两座如屏障。刀剃了又长，线界了又长，萋萋芳草。秋波涨，试晨妆，巧施青黛，羞杀那张郎！

明·唐寅《王蜀宫妓图》
作者用“三白法”在宫妓额、鼻及下颌处点染白色脂粉，手法颇有唐风。而女子们姣好的面容则显露出明代人以清丽娟秀为佳的审美理念。

明代女子喜欢画细长的柳叶眉，如唐寅的《王蜀宫妓图》。从明代多位皇后画像中多见稍弯且细的娥眉，只有孝定李太后类似八字眉。彼时以细眉为美，若是浓眉，则须修眉。修眉的方法或用线绞，或用刀削。修眉之后，方可画眉。画眉最早用黛石。明朝刘侗《帝京景物略》有记载："西堂村而北，曰画眉山。产石，墨色，浮质而腻理，入金宫为眉石，亦曰黛石也。"在《红楼梦》"林黛玉抛父进京都"一回中，宝玉引用《古今人物通考》形容林黛玉："'西方有石名黛，可代画眉之墨'，况这林妹妹眉尖若蹙，用取这两个字，岂不两妙！"这便是林黛玉名字的由来，"黛"又与画眉相关，所以宝玉调侃用"颦颦"给她作表字。后来，用来书写的油烟墨，也逐渐被用来画眉，比古老的黛黑之墨更为精致，由此出现了专门制作的画眉墨，还有铜黛、青雀头黛。铜黛就是绿色的铜绿，青雀头黛大概是深青灰色。原产于波斯的螺子黛（青黛），可以画出青蓝色眉毛，极为珍贵。

要说画眉简单，那也很简单。剪取油灯灯芯上的灯花（雅称"兰煤"）就

明·唐寅《吹箫图》

从唐寅画笔下吹箫女的形象中可以窥见明朝人对女子眉毛的钟情。人们认为纤细修长的眉毛是美的标志，因此女子们纷纷将眉毛修成蛾眉或柳叶眉，以彰显姿色。

可以画眉。唐代司空图《灯花》诗有句：“剪得灯花自扫眉。”老而柔韧的柳枝儿烧过，就可以充当画笔。无非是眉头画得深，眉梢画得浅。要说画眉复杂，那也很繁琐。张潮写过一段文字：

古之美人，以眉著者得四人焉。曰庄姜、曰卓文君、曰张敞妇、曰吴绛仙。庄姜螓首蛾眉；文君眉如远山；张敞为妇画眉；绛仙特赐螺黛。由今思之，犹足令人心醉而魂消也。然庄与卓质擅天生，而张与吴兼资人力，二者不知为同为异。春秋之世，管城子尚未生，庄姜之眉自非画者。第不知文君当日亦复画眉否。汉梁冀妻孙寿作愁眉，啼妆龋齿，笑折腰步，京都人咸争效之。其后，卒以兆乱眉之所系如此。大丈夫苟不能干云直上，吐气扬眉，便须坐绿窗前，与诸美人共相眉语，当晓妆时日为染螺子黛，亦殊不恶。而乃俱不可得唯日坐愁城中，双眉如结，颦蹙不解，亦何惫也。西湖徐野君先生，风流倜傥，为文士中白眉所著。《十眉》《十髻》两谣摹写尽致。点染生姿，捧读一过，令人喜动眉宇，手不忍释，乃知名士悦倾城，良非虚言也。先生著作颇富，其《雁楼集》久已传播艺林。予生晚不获。登其堂，而浮太白，以介眉寿。仅从遗集中睹其妙制耳，前辈风流可复见耶。

文中提到的“十眉”，分别是：娥眉、翠黛、卧蚕、捧心、偃月、复月、筋点、柳叶、远山、八字。关于“十眉”的名号又不一样，明代徐士俊撰《十眉谣》：

一、鸳鸯。鸳鸯飞，荡涟漪；鸳鸯集，戢左翼。年几二八尚无良，愁杀阿侬眉际两鸳鸯。

二、小山。春山虽小，能起云头；双眉如许，能载闲愁。山若欲雨，眉亦应语。

三、五岳。群峰参差，五岳君之；秋水之纹波，不为高山之峨峨。岳之图可取负，彼眉之长莫频皱。

四、三峰。海上望三山，缥缈生烟采。移作对面观，光华照银海。银海竭，三峰灭。

五、垂珠。六斛珠，买瑶姬。更加一斛余，买此双蛾眉。借问蛾眉谁与并，犹能照君前后十二乘。

六、月棱。不看眉，只看月。月宫斧痕修后缺，才向美人眉上列。

七、分梢。画山须画双髻峰，画树须画双丫丛，画眉须画双剪峰。双剪峰，何可拟。前梅梢，后燕尾。

八、烟涵。吾语汝，汝作烟涵，侬作烟视。回身见郎旋下帘，郎欲抱，侬若烟然。

九、拂云。梦游高唐观，云气正当眉，晓风吹不断。

十、倒晕黄者檀，绿者蛾，晓霞一片当心窝。对镜绾约覆纤罗，问郎晕澹宜倒么。

眼妆是通过描画眼睛四周的线条来达到美的效果，也包括眼窝和眼皮上的色彩。把眼梢的线条画深就会带来立体感，同时让眼睛看起来显得更细长，就会产生一种眼波之美。明代陈端生《再生缘》里的“低攒淡淡双蛾晕，半合盈盈两凤梢”，写的是半闭的眼睛，凤梢下的盈盈眼波。传统女性眼睛的美以拥有一对细长的丹凤眼（凤目）为最，为了追求这个效果，化妆的时候就要把眼睑的线条画深画长。

眼妆中还有不常见的啼妆、泪妆。啼妆是用白粉轻轻扑染眼睛下方，造成哭泣之后的痕迹。在眼角上点白粉，好像泪珠在飘，就是泪妆。因为这样的装扮通常带来忧伤的感觉，所以被认为不祥，也就不常见了。

女人装扮还有很多，如点唇、指甲妆、香佩等，都是构成中华传统美文化的重要内容。

明·文徵明《湘君湘夫人图轴》
画中湘君与湘夫人看起来竟然性别难分、酷似一对姊妹。两位神话人物衣着飘逸、姿态婀娜，表现出明代人对美的想象和歌颂。

珍馐玉馔

素餐玉食，贫富从未诉离觞。

民以食为天。吃饭是头等大事，因为吃饭的问题不解决，就不可能有生生不息的人生百态和源远流长的历史故事。辅佐齐桓公成就春秋时期第一个霸主的管仲就说过："仓廪实而知礼节，衣食足则知荣辱。"亚圣孟子也有言："有恒产者有恒心，无恒产者无恒心。"老百姓有自己稳定的收入，有饭吃，才可以谈礼义廉耻、道德责任，都吃不饱还要谈义理的不是老百姓，是君子，比如说颜回，"一箪食、一瓢饮，在陋巷。人不堪其忧，回也不改其乐"。只是，一个时代这样的君子只有极少数。

吃饭渐渐成了一种文化——饮食文化。中国的饮食文化从时间长度来看，久；

仿明人《五王醉归图》（局部）
明代饮食在中国传统饮食文化中占有重要地位。饮宴是人们生活当中必不可少的一个环节，平民尚且如此，贵族更无须说。

从地域和种类来看，博；从技艺上看，精；从程度上讲，深。不同社会阶层的饮食文化可以用礼、雅、俗来概括。各阶层的饮食方式和内容都要遵循一定的礼制，就是讲礼数。贵族和文化阶层追求富贵、雅致，“三代为官，才懂吃穿”，说的就是一种贵族的教养。广大民众的饮食为俗，俗不是俗气，是通俗。饮食既是生存的需要，也是人们地位和内涵的表现，还可以从中反映出人们所处时代文化的基本特点。

明代饮食在中国传统饮食文化中占有重要位置，其饮食文化的发展与繁荣，与当时整个社会的背景密切联系，有其丰富的内容，具有显著的时代特色，在中国古代饮食文化发展史上占有重要的地位。明朝的前一百年，朝政从严苛到中矩，社会财富处于积累阶段，社会整体的日常饮食和宴会风气都遵从一定的消费标准，符合朝廷法度。但是到了嘉靖、隆庆以后，稳定的农业生产为饮食消费提供了物质基础；商品经济的发展既提供了经济保障，也刺激了民众消费；而思想界的活跃为饮食文化发展提供了重要的精神源泉。明朝后半叶，各种思潮不断涌现，其中不乏贴近百姓、关注民生、崇尚真情的趣旨。在这类思潮的影响下，明朝饮食文化从以人为主体，逐渐向带有浓郁人文色彩的人生情趣发展。同时，丰富物质的诱惑和理学教化的松动，导致人们的观念和社会风气也开始变化，逐渐开启久遭禁锢的消费和欲望享受，敦厚俭朴的风尚向着它浮靡奢侈的反面转变，这股浪潮始于宫中，逐渐波及全社会。

不过，这种社会转变包含正当、合理的消费要求，也助长了人们对物质的享受和占有欲望，冲击着传统王化体系，同时加剧社会各阶层，尤其是上层世界的腐化，带来各种社会弊端的滋长。这也似乎预见了明朝政权的坍塌。

◢ **明·仇英《春夜宴桃李园图》（局部）**

此图以李白《春夜宴从弟桃花园序》为题材，描绘了诗仙李白和他的四位从弟夜宴斗酒赋诗的场景。仇英创绘此图，体现了明朝人对饮宴的崇尚。

由俭入奢，时代风气的渐变

以谷粒制作的食品作为主食，是农业民族共同的饮食特征。

汉民族自古就以稻、麦作物为主食。俗话说“人吃五谷杂粮，哪能没病没痛”，说明“五谷”是我们传统的主要食物。《周礼》记载：“其谷宜五种。”郑玄注解说是：稻、黍、稷、麦、菽。明代《如梦录》中又提到“六陈杂粮”，“六陈”指米、大麦、小麦、大豆、小豆、芝麻。因为可以贮藏很久，到了隔年就是陈粮，所以称“六陈”。

农作物的品种和日常的食物会随着时间和环境的变化而变化，现在为大家所知晓的野菜，在古代都是日常菜肴，很多之前不曾了解的食物，现在却成了主食。

先秦时期菰、麻、芋艿、鸡谷都是粮食作物。菰，又叫蒋，长成狭长的圆柱形，形状像米粒，也叫菰米、雕胡、安胡。李白有诗《宿五松山下荀媪家》曰：

我宿五松下，寂寥无所欢。
田家秋作苦，邻女夜舂寒。
跪进雕胡饭，月光明素盘。
令人惭漂母，三谢不能餐。

麻，现在人一般只知道是一种布匹的原料，其实它是一种古老的农作物，其籽可以充饥，后来逐渐退出了主食领域。芋艿，楚国就有官职“芋尹”，专门掌管芋艿的种植，说明在当时它已经是很重要的粮食作物，曾经盛产于四川及两湖地区。鸡谷，是一种草木杂粮，可能就是今天所说的甘薯。到了两汉，粮食作物的品种进一步扩大，有了高粱、青稞、荞麦、糜子和多种豆类。到了明代，玉米、番薯、花生、土豆从境外传入中国，进一步丰富了我们的饮食品种。

明·马轼《归去来兮辞图之六》（局部）
在明代，发达的耕种技术为人们带来了丰富的物产，正如陶渊明《归去来兮辞》中所写，人们亲手耕耘，尽情收获和品尝来自大地的礼物。

总体来讲，中国人的饮食一直遵循“五谷为养”的传统结构，以稻、麦为主，兼及杂粮，可以制作成粥、饭、饼、点心等。中国人以菜下饭，菜肴分为肉类和蔬果。做菜还需要调料，最主要的就有油、盐、酱、醋、葱、蒜、姜、辣等。

国人南北饮食文化之间的地域差异非常明显。中原汉族的膳食主要以粮食和菜蔬为主，肉食为辅，其中北方人的主食一般是以小麦为原料制成的面食，每日两餐；南方人则以米食为主，每日三餐，又有点心。南北不同的餐饮习俗造成了南北民风勤、惰差异。一日三餐，外加点心，有了气力干活也必须得勤恳持家，不能怠惰，否则难以持久。而一日两餐，又无点心可吃，特别是夏季，夜短昼长，不免会感到饥饿，整日懒懒散散。此外，分布于广大边陲地区的少数民族则主要以肉食为主，果菜为辅。

拉达在《记大明的中国事情》与《出使福建记》中记录了很多在中国的见闻。他们发现：

中国是世界上最大的国家，有15个省，390座城，1155个县，

明·马轼《归去来兮辞图之六》（局部）

1720个镇，广大的村落不计其数，从北到南；中国是世界上人口最多的国家，中国有9676246户，60187047口人，还不算边远地区人口。他们不论走到哪里，都会被人围观。中国是世界上管理最严明的国家，但管治形式，如鞭杖刑狱，太残酷野蛮。老爷们蛮横，百姓像崇拜神一样地崇拜官；中国人有教养，温文尔雅，但过分繁琐的礼节与接连不断的宴会排场，让人讨厌。中国人自以为是世界第一，不让外国人进入他们的国家，除非上贡。他们的傲慢是因为无知。他们不懂几何与算术，一个连自己国家的地理都搞不太清楚的国民怎么了解世界?

拉达对明代的饮食也有细致的描述：

南方福建地区的主食是大米，并用大米酿酒。以吃食习尚而论，他们反倒以鱼、蛋、蔬菜、汤和水果等副食品为主食。主要的副食品有鱼、小麦、大麦、米、豆、玉米、水牛、羊、猪、鸡，还有一种鸡肉是黑的，更好吃，再有阉鸡和黑尾鹬，同时养有鹅、大鸭子以及大量的鸽子和斑鸠。其果蔬品种繁多，有黑白葡萄、橘子、柠檬、大佛手柑、梨、苹果、野梨、桃、李、桑、坚果、栗、枣、南瓜、黄瓜、西瓜、白菜、小白菜、大头菜、萝卜、大蒜、葱以及其他的特产。此外还有大量的糖，而且能制造许多上等蜜饯供人享食。

拉达的记述虽有很深的文化隔膜，但不失为一种真切的感受，其中对饮食生活的描述也为我们提供了了解历史的材料。

明初，受经济水平所限，社会风气提倡俭朴，人们的吃穿都比较节俭。可以说这也是每个朝代初期的一般景象。仁宗洪熙年间，北京市面上一度流行一种叫“驴炙”的美食，但是做法残忍：把活驴的腹部贴着地面，四脚埋在地下，用布料、棉絮之类把驴的身体盖住，用滚沸的水不断浇淋。然后从驴头用力抹

明·吕纪《狮头鹅图》（局部）
狮头鹅是明代人饲养家禽的一种，也是中国最大的肉用型鹅种之一。

到驴尾，把毛皮抹尽。此时驴还是活着的，再用刀切驴肉烧烤，据说味道特别鲜美。偶然的机会，仁宗知道了这种美食做法，非常气愤，下令处理了一批卖家。这使得明初这种奢侈、新奇的饮食风气受到了遏制。

明中后期，宪宗成化之后，宫廷首开靡风之先河，饮食时尚日趋奢华。陈梧桐在《朱元璋大传》中提及明太祖的早饭“只用蔬菜，外加一道豆腐”。到了宪宗时，宫廷中依然保持着吃豆腐的习惯，不过豆腐已经不再是由黄豆制成，而是用百鸟脑酿成，一盘豆腐需要花费近千只鸟。皇帝不仅不理朝政，而且宴饮成痴，嬉戏成癖，挥霍成瘾。

在宫廷风气的影响下，官僚群体和士人阶层也不安于朴素的生活。嘉靖年间首辅夏言，日常饮食比照王公，精致奢美。何良俊（1506—1573）在记述当时苏（州）、松（江）风气时称，幼年见人家请客，“只是果五色、肴五品而已，惟大宾或新亲过门，则添虾蟹蚬蛤三四物，亦岁中不一二次也。今寻常燕会，动辄必用十肴，且水陆毕陈，或觅远方珍品，求以相胜”。巨室豪富为夸示实力，“三日一小请五日一大宴。水陆珍馐，少则数十品，多者二三十品”。《留青日札摘抄》记载，京师有一蒋揽头，“请八人赴宴，每席盘中进鸡首八枚，凡用鸡六十只矣。席间一御史喜食鸡首，蒋氏以目视仆，少顷复进鸡首八盘，亦如其数，则凡一席之费，一百三十余鸡矣，况其他乎？”一桌八个人，一个人一个席位，每个席位一盘鸡头，每盘八枚鸡头，这就需要六十四只鸡。又有一位御史很喜欢吃鸡头，蒋揽头就投其所好，但不能只给御史一个人上啊，所以就又上了八盘。这次宴席总共用了一百多只鸡。这么多鸡，鸡头被取下，鉴于当时没有冷冻技术，估计鸡的余下部分绝大多数应该是浪费掉了。《阅世编》记载崇祯年间的筵席，水陆珍馐，少则十几种，多至数十种。不仅豪门大户讲究山珍海味，民间也受到感染，开始追求饮食享受。《喻世明言》说到小商人妻子王三巧招待邻居老婆婆的场景：

邵阳坛子鸡

只见两个小丫鬟轮番的走动，摆了两幅箸，两碗腊鸡，两碗腊肉，两碗鲜血，连果碟素菜，共一十六碗。婆子道：如何盛设！三巧道：见成的，休怪怠慢！

可见，那时稍有资财的人家都讲究这个排场，现在谁家来客人，能现成地摆出个十六碗来?

拉达在《记大明的中国事情》中对此地宴会的礼仪风俗也有详细的描述：

在筵席上每位客人有一张桌子，若筵席是正式的，各位客人有很多桌子。这些桌子上放有尽可能多的盛食物的盘碟，唯有烧肉放在那张主要的桌上，其他非烧煮的食物放在其他桌上，那视为讲排场和阔气。有整只的鹅鸭、阉鸡和鸡，熏咸肉及其他猪排骨，新鲜小牛肉和牛肉，各类鱼。大量的各式果品，还有用糖制的精巧的壶、碗和别的小玩意儿等。在举行筵席的厅外，由侍从仆人侍奉及鼓乐伎人恭候，客人莅

明·佚名《明宣宗射猎图》
射猎在明朝皇亲贵族中是一项非常流行的活动，为明朝宫廷宴席提供了丰富的食物，也成为他们文化生活里必不可少的部分。

临时，开始奏乐演奏。主人迎出门外，领客至宴会厅前的会客室，然后向客人一一鞠躬行礼。接着侍仆为客人上茶，客套一番。

说到明代的宴会规程，一般先是上“大嘎饭”，也就是大菜、主菜，正好与今天的宴会相反。宴席规格至少是“五割三汤”，即交替着上五道菜肴和三道羹汤。第一道大菜以鹅类（如烧鹅、水晶鹅）为主，接着是烧花猪肉、烧鸭、炖烂跨蹄儿之类，隆重的官筵还有烧鹿、锦缠羊等。席间所有的禽类都是整只，彰显主人家气派，吃的时候须由厨师割开，“五割三汤”之“割”就由此而来。宾客越是尊贵，上的菜越多，直到客人离席为止。一般上了“五割三汤”，宴会的礼节就尽到了。席间还要配上戏文杂曲为客人助兴。就席次来说，客人必须专设一席，即一人一席，至多是两人一席。入席之后，主人先奉觞送酒，曲尽酬酢诸礼，子弟自入小学（童生）以上者，也随行习礼。敬酒按尊贵级别依次敬到宾客座位边，叫“递酒安席”。此时，庆贺歌曲一起弹唱，宾主坐定，侍从献上佳肴美馔，艺人呈上戏单听候点戏。这些都是冲着宴席上最尊贵的客人去的，而高贵的客人也会事先备下赏银，直到吃喝欢畅或表演精彩之时，随着一声吆喝“赏”，那人便到贵客面前领了银子，打躬作揖而退。同样是奢华靡贵，同样是纵情享受，也不免有精粗、雅俗之分。

提一个比较有意思的现象。在传统观念中，烹调饮食，均属妇人之职，故《易》有“在中馈”之说。明初马皇后曾亲自下厨，为皇帝丈夫做饭，实在难得。可是明末出现了一种现象，“妇女骄倨，皆不肯入庖厨”，女人都不愿意做饭

明·尤子求《麟堂秋宴图》
明代请客吃饭，宴饮席间，还会配上戏文杂曲为宾客助兴。兴致盎然的客人偶尔也会亲自出马，献丑一曲。

了，那怎么办？要么就男的做，或者就只能下馆子或叫外卖了。这是男女关系变化而在家庭饮食风俗中的一种真实反映，某种意义上可以说是明末社会风俗的一种新动向。还有，万历年间的王士性说杭州人“以商贾为业，人无担石之储，然亦不以储蓄为意”，即使是“舆夫仆隶奔劳终日、夜则归市淆酒，夫妇团醉也后已”。这种“不以储蓄为意”，白天挣钱，晚上就把钱花完的生活习惯，与我们主流价值观体系中宣传的中国人“量入为出”的居家理财观还真是有所差别。

明·崔子忠《杏园夜宴图》（局部）

明朝中后期，随着经济发展，人们日益注重生活情趣，比起精打细算和储蓄的节俭之风来，他们更喜欢今朝有酒今朝醉的奢靡生活。

由“妓鞋行酒”说开

酒在人们的推杯换盏中醇香浓厚，值得细细品味，但想到明代中后期君臣耽于酒色而不能自拔，明代的酒又在我们口中和心中变得些许苦涩起来。太祖朱元璋为人治政都很严苛，从小目睹贪官污吏的无耻蛮横，所以用重典治吏，严禁官员聚众宴饮，更不用讲挟妓饮酒。可是，才过了三代，到宣德时，就有官员沉酣终日，歌姬在陪，开始腐化堕落了。像“三杨”（杨士奇、杨荣、杨溥）这样位高权重的内阁大臣也公然饮酒聚会，侍妓伺候。看来，美酒美姬是禁不住了。明孝宗身世凄怜，没有被打胎药打掉，好不容易被生下来，也只能在老太监和宫女们的保护下度过幼年时光。当了皇帝之后，身体又不好。也许是因为对世间人事的悲悯之情才导致孝宗过于宽仁的秉性，明孝宗对官员纵情饮酒不仅不予处罚，还考虑到晚上宴会，官员万一喝多了，骑马走夜路不安全，专门下令官员饮酒回家，街上各个商家铺户都要用灯笼传送。

成化、弘治开始的妓乐饮酒，是官场风气的一种转变。其中的 “妓鞋行酒”算是“最伤风化”了。为大家所熟悉的西门庆就有此嗜好，兴致来时脱下潘金莲的一只绣花鞋，“擎在手里，放一个酒杯在内，吃鞋杯耍子”。“吃鞋杯耍子”就是当时士大夫群体中相当风靡的妓鞋行酒。以今人的眼光看来，这种饮酒方式庸俗污秽，近乎变态，而在明代却被视为风雅。

“妓鞋行酒”又称“双凫杯”。“双凫”的典故出自《后汉书》“王乔飞凫入朝”的故事。据说叶县县令王乔是仙人转世，会法术，常乘双凫飞入宫中朝见皇帝。又被称为“金莲杯”，其实就是“鞋杯”。“金莲杯”一说是齐东婚侯妃潘玉奴美貌无比，到了“步步生莲花”的程度，由此引申出了金莲。又说“金莲杯”是杨维祯（1296—1370）“耽好声色，每于筵间见歌儿舞女有缠足纤小者，则脱其鞋，盏以行酒，谓之金莲杯”。嘉靖中，冯惟敏（1511—1578）少负才名，仕途不得意，经常著文呷酒以自娱，作有《鞋杯词》。明隆庆年间，何良俊到

明代狎妓饮酒图

苏州遇到王世贞（1526—1590），友人相会，彼此都很热情。喝到高兴时，何良俊便从袖中取出名妓王赛玉的一只绣鞋，以此行酒。王世贞一看，也很兴奋，酩酊了一晚，第二天写长歌记录，其中有"手持此物行客酒，欲客齿颊生莲花"的诗句。陈继儒（1558—1639）也有一首《绣鞋》。这些作品都是当时士大夫真实生活的反映。以妓鞋行酒，据说宋人就已经开始了，明代盛行，清代继之。当然了，对于这种名士竞相风流的韵事，也有人是不以为然的，如清代的纪晓岚。

再来说说中国的酒文化。

酒的起源很早，而且品种繁多。据考古发现，三四千年前的商代青铜器中还盛放有酒。在仰韶文化、龙山文化和良渚文化时期，都发现了陶制酒器，还出土了酿酒用的酒缸。酒是中国人自古就喜爱的饮品，关于酒的起源也有很多的传说，最著名的就是造酒三说：猿猴造酒、仪狄造酒和杜康造酒。

洪荒时期古猿猴以采集野果为生，还有善于贮果的特性，把一时吃不完的果子藏在岩洞、石洼中，时间一久就忘掉了，那些含有糖分的野果腐烂之后，在自然界野生酵母菌的作用下发酵成为酒精、酒浆，散发出阵阵酒香，逐渐被人们熟知，因而有了猿猴"善采百花酿酒""尝于石岩深处得猿酒"的记载。明代文人李日华在《六研斋笔记：紫桃轩杂缀》中提到黄山猿猴造酒的故事："黄山多猿猴，春夏采杂花果于石洼中，酝酿成酒，香气溢发，闻数百步。"无独有偶，陆柞蕃《粤西偶记》也写道："粤西平乐等府山中多猿，善采百花酿酒。樵子入山，得其巢穴者，其酒多至数百石。饮之，香美异常，名曰猿酒。"

另一个是仪狄造酒说。《战国策》中有一个故事《鲁共公择言》：

> 梁王魏婴觞诸侯于范台。酒酣，请鲁君举觞。鲁君兴，避席择言曰："昔者帝女令仪狄作酒而美，进之禹，禹饮而甘之，遂疏仪狄，绝旨酒。"曰："后世必有以酒亡其国者。"

明·朱瞻基《三鼠图》（之二）
朱瞻基是一位文艺范儿皇帝——不爱酒色独爱绘画书法。他的《三鼠图》，老鼠形象可爱活泼，寓意旺盛多子的繁育力，是吉祥的象征。

四羊方尊（1938 年湖南宁乡县出土）
从酒产生的那一天起，酒容器也随之诞生。在商周之前，古人多半以陶器盛酒。而到了青铜器极为鼎盛的商周时期，这种以尊为代表的青铜容器便登上了人们生活的舞台。

当时魏国强盛，鲁、宋、卫、韩等诸侯国君来朝拜。魏惠王魏罂在范台设宴款待，酒兴正浓的时候，魏惠王向鲁共公敬酒，鲁共公起身离席，一本正经地对魏王说：“从前，仪狄擅长酿酒，酒味醇美。仪狄把酒献给了禹，禹喝了之后发现酒的味道确实醇美，但却刻意疏远仪狄，戒绝了美酒。因为他知道这样的美酒很容易成瘾，后世一定会有君王因贪恋这样的美酒而贻误国家导致灭亡的。”这个故事既说到了酒的酿造起源，也是最早的戒酒劝告。

还有一种说法是杜康造酒，这种说法常见于文人的作品中，在民间也特别流行。旧时的训蒙读本、唱本、宝卷、劝善书等读物都记录有这则故事。河南洛阳汝阳县至今还保留着杜康沟、杜康泉、杜康河、杜康墓和杜康庙。传说杜康先生常把吃不完的剩饭倒在已经中空的桑树里，过一段时间之后，树洞中就发出浓郁的芬芳，杜先生由此受到启发，根据腐败发酵的原理来酿酒。西晋江统在《酒诰》中就写道：“酒之所兴，肇自上皇；或云仪狄，一曰杜康。有饭不尽，委之空桑，积郁成味，久蓄气芳，本出于此，不由奇方。”此外，杜康造酒的说法还因曹操《短歌行》中“何以解忧，惟有杜康”一句而广为流传。

唐以前的酒，大都是自然发酵酿成的米酒或果酒，酒精的含量很低，味道甘甜稍带辛辣，人人都能喝上几口也不会醉。到了唐代，人们在长期的实践中积累经验，摸索出蒸馏的方法，提炼出酒精度高、香味浓郁的酒，因为透亮、无色称之为白酒，又因为酒精含量高容易燃烧，所以也叫烧酒。

在人们品酒赞酒的时候，总会想到给酒起个雅号或别名。酒的雅号和别名实在是太多了：秬鬯、杜康、欢伯、杯中物、金波、白堕、冻醪、壶觞、壶中物、酌、酤、醑、醍醐、黄封、清酌、昔酒、缥酒、青州从事、平原督邮、曲生、曲秀才、曲道士、曲居士、曲蘖、春、茅柴、香蚁、浮蚁、绿蚁、碧蚁、天禄、椒浆、忘忧物、扫愁帚、钓诗钩、狂药、酒兵、般若汤、清圣、浊贤，等等。这些名字的由来多种多样，有的出自诗词歌赋或者典故演绎，还有的是根据酒的味道、颜色、功能、作用、浓淡及酿造方法，这也成了中国酒文化的一个特色。

酒在明代是日常生活的必备品。不管是居庙堂之高还是处江湖之远，不管是锦衣玉带还是短褐穿结，不管是花城锦宫还是寻常巷陌，都能用到酒。比如：有钱人家就可以“葡萄美酒夜光杯”，才子文人一般会“一曲新词酒一杯，去年天气旧亭台”，深闺佳人经常“东篱把酒黄昏后，有暗香盈袖”，郁郁不得志的人就会“且乐生前一杯酒，何须身后千载名”，豪爽派“酒酣胸胆尚开张”，送别之际“主人酒尽君未醉，薄暮途遥归不归”，酒店中“风吹柳花满店香，吴姬压酒劝客赏”，征战在外“中军置酒饮归客，胡琴琵琶与羌笛”，失恋后“今宵酒醒何处？杨柳岸、晓风残月”，失眠时“昨夜雨疏风骤，浓睡不消残酒”，就连拜年也有“莫笑农家腊酒浑，丰年留客足鸡豚”。可以说，人生处处离不开酒。

据记载，明代较为出名的酒就有几十种：金花酒、秋白露、三白酒、神曲酒、五加皮酒、饼子酒、景芝高烧酒、白杨皮酒、当归酒、枸杞酒、古井贡酒、绿豆酒、红曲酒、花蛇酒、羊羔酒、梨酒、马奶酒、五香烧酒等。

随着酒业的发达，与之发生关联的东西也纷纷登场，有酒必有楼，有楼必先召妓。明代的酒楼讲究装潢，门面、酒旗、酒帘、字画等，应有尽有。酒楼日趋繁荣，规格级别分化明显。有钱人家宴会选在福禄楼、会仙楼、泰和楼、丰乐楼等高档酒楼。酒楼门口站着打扮鲜丽的服务生招呼客人，楼内陈设名人字画，墙上挂着供文人墨客题写的牌子，还有美酒佳肴、美女歌舞。这样的酒楼多设在经济发达、交通便利、人文荟萃的大城市里。

不但酿酒作坊遍及城乡，酒的品种也是名目繁多。宫廷有自制的美酒，酿造方法都是秘而不宣，因为天子饮酒是要唯一的，哪轮得到凡夫俗子沾上一口？偶尔有个别秘方流入民间，人们便如获至宝，宣传价值和品味价值都很大。不过宫廷酿造的酒是否算得上是美酒，则是评说不一。万历年间顾起元认为宫酒“色味冠绝”，到了明清换代之际，宋起风却说“味冽，多饮败脑”。如果明代的宫酒喝多了真的会导致大脑机能损坏，似乎也可以解释明代的君臣沉迷美酒之后，为什么会愈加昏聩，进而导致朝代灭亡。

西周青铜爵

明·周位《渊明逸致图》
明朝人崇尚美酒佳肴，也善于绘画这一题材。《渊明逸致图》中的主人公陶潜醉态憨然，袒腹露胸，人事不省，仆人扶归，好一派放浪形骸的酒仙样貌。

除了大酒楼外，一般散处全国各地的中小型酒店（肆）也各有特色，还有以悬挂酒旗为标志的。它们或以小吃精美，或以经济实惠闻名乡里。而小酒店则多由少妇少女们招徕酒客。值得注意的是，明代的酒肆不仅是饮宴享乐的最佳去处，而且还是人们社交生活的重要场所之一。人们习惯到这里来谈生意、商量事情，甚至说媒应约也在这里进行。

饮酒逐渐成为日常生活的主要内容。文人又以优美的文学语言，不断渲染酒的魅力，就连平民文学也在为酒代言。《金雀记》中就归纳了饮酒的十大好处并加以鼓吹：

> 饮一杯精神康健，饮二杯筋力不衰，饮三杯何喜有庆，饮四杯无病无灾，饮五杯朱颜不改，饮六杯世不白头，饮七杯增福增寿，饮八杯灭罪消灾，饮九杯官居一品，饮十杯挂印封侯。

明·宝石红僧帽壶
僧帽壶是元代创制的一种瓷器造型壶式，因壶口形似僧帽而得名，具有强烈的少数民族风格。明代匠人继承发展了元代技艺，在元器形体敦实、壶颈较粗的基础上，改进了壶流的长度，使得壶器更具流线感。

如果能饮酒过十爵，那么至于是否能挂印封侯已经不重要了，酒后“豁达”之时，便是人间荣华富贵尽皆浮云之时。也许这是我们的酒文化经久不衰的一个重要原因吧。

明·陈洪绶《饮酒读骚图》

对于明朝文人来说，酒与诗可谓人间两大美事。此图描绘的便是文人墨客品酒读诗时怡然自乐的情态。

清贫朴素求自在：人生三境界

台北故宫博物院珍藏着镇馆三宝，作为永不更换的展品，全年开放。其一是毛公鼎，系著名的西周青铜器，鼎内刻有铭文近五百个字，意义非凡。其二是翡翠白菜，由一块半白半绿的翡翠作为原材料，根据纹理雕刻而成，栩栩如生。其三是肉形石，天然形成，看上去似肥瘦相间、鲜活欲滴的“东坡肉”，属玛瑙玉质。

一个鼎、一块肉、一棵白菜，由此可以看到农业文明时代“以食为天”的历史陈迹。《礼记·聘义》有云：“君子比德于玉焉，温润而泽仁也，仁也。”把君子的德行与玉石的温润作比，世人将珍贵的玉石雕琢为白菜，对天然的肉形石又奉若珍宝，可见，古人对食物的熟悉程度并没有带来熟视无睹的忽视，以菜和肉为代表的“物质”与君子之德的“意识”都一样与贵重的玉石相联系着。

在明代由俭入奢的社会风气潮流之中，有一些人缺乏相应的物质基础来实现对奢的追求；也有一些人是安贫乐道、安之若素，不齿于沾染奢华的时代风潮；也有人身处贵族阶层却寂寞苦闷，一心追求的是成为“精神的贵族”。

玉白菜

清贫：而今事事都变更，柴米油盐酱醋茶。

明时有一首打油诗：

琴棋书画诗酒花，
当年件件不离它。
而今事事都变更，
柴米油盐酱醋茶。

唐伯虎亦来一首《除夕口占》：

柴米油盐酱醋茶，
般般都在别人家。
岁暮天寒无一事，
竹时寺里看梅花。

肉形石

王德章也有诗云：

柴米油盐酱醋茶，
七般都在别人家。
我也一些忧不得，
且锄明月种梅花。

元人小词《折桂令》云：

倚莲窗无语，嗟呀！七件儿全无做。甚么人家柴似灵芝，油如甘露，米若丹砂，酱瓮儿恰才梦撒，盐瓶儿又告消乏，茶也无些，醋也无些。七件事尚且艰难，怎生教我折攀花？

柴米油盐酱醋茶，开门七件事。人是活在现实中的，离开了这些生活必需品，还说什么“折柳攀花”。下面，我们就来细说这七件事。

柴

开门七件事，“柴”排第一。《说文》对柴的解释是小块木头、散材，即不能用来建造及器用的木材。其中大块一些的劈开为“柴”，小的捆绑在一起束为“薪”。《月令》中有一句“收积柴薪”，也很形象地表达了这个意思。中华饮食以熟食为主，熟食自然离不开柴火。也不是所有的地方都能用柴薪做燃料，山取柴薪丰富，取之不竭。平原、水乡或荒漠地带就只能就地取材了。柴薪只能在市场上购买，如《如梦录》就记载河南开封城内有专门的柴市，买卖柴薪杂物等，定期交易。

松江府一带山林稀少，柴薪只能到市场上购买，价格较贵，只能收集芦苇和秸秆充当燃料。王士性说："江南烧薪，取火于木，江北烧煤，取火于土。"这也验证了吴地柴薪稀缺，以烧草、禾秆为主，长江以北则烧煤和动物粪便。富贵之家，能烧的就多了，可以蜡代薪、以纸代薪等。据说江西有一位编修姓黄，有一次遇到大雪，正好柴薪告罄，主人家便"取双红纸五千张燃之"。皇家燃料不同民间，日用石炭，即发香煤，俗称"水和炭"，可以和着水一起烧。宫中还有一种优质木炭，"红箩炭"，是用易州一带山中硬木烧成的，用红土刷箩筐装盛，故而得名。

米

农作物种植南北不同，南方多水稻北方多小麦。所以北方人不经常吃大米，在一些偏远地区大米就更稀少了。即便是在南方，贫困人家一般都吃荞麦、豆类、粟等可以灵活种植的杂粮、粗粮，遇到饥荒只好挖草根、剥树皮，朝不保夕。农村自产自销，勉强温饱。城市主要依靠贸易输入大米，所以就出现了专门买卖粮食的大米行、江米店。

油

《说文》将"油"解释为"膏"。徐光启的《农政全书》提及的油类有豆油、青油、菜油、棉花油、柏油等。种植油菜，开花之后结籽，可以榨油，成为菜籽油或菜油，也叫香油，用来炒菜烹饪。用芝麻榨的油，称为麻油，味道香醇，是一种高档的食用油，也有一定的解毒效果。黄豆榨的油，叫豆油，也称臭油，一般用作点灯，经济拮据人家也食用。茶树结籽，榨出来的油，叫茶油，可以食用。用桐树结的果实桐子榨的油，是桐油，不能用来食用，只能当漆用。用柏子榨的油是柏油，只能制蜡烛。徽州人一年四季都吃猪油，到现在还有这种习惯。使用肥猪肉熬制猪油，据说这在当时是一种较为节省的食油方法。深山穷谷，难得有油，只好取饭锅米汤炒菜，称为"米油"。此外还有露化油、山柚油、

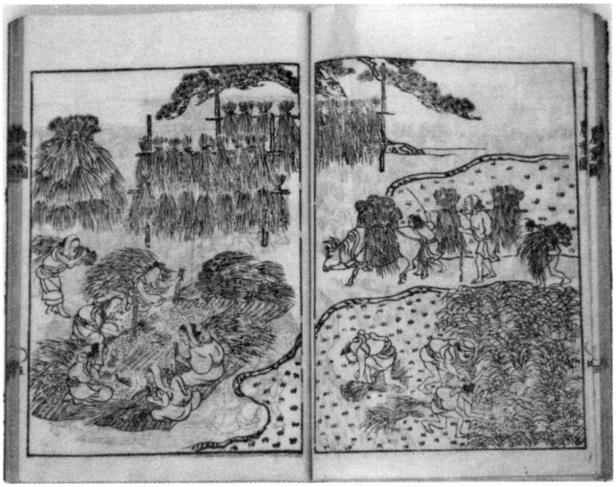

徐光启《农政全书》内页

海棠油、山竹果油、麻籽油、橄榄油等。城市居民食用油主要通过商贩购买，城市中有油坊、油店从事榨油、买卖活动，油的价格“向来视肉价为低昂”。

皇宫中都用芝麻油，宫廷忌讳“油、火”这些词，用水代替，于是就称为“芝麻水”。

盐

《说文》将“盐”解释为“咸”，谚语所言“盐筋醋力”即为此意。又说：君子喜食酸，小人喜食咸。小人物喜欢吃盐，因为食盐可以“有劲”；而君子喜食酸却是为何？盐的重要性可以用一个故事来说明。日本汉学家宫崎市定在《历史与盐》说道，一次德川家康跟群臣闲聊，谈到什么东西最好吃时莫衷一是，德川就问旁边的侍女御尾之局，御尾答：“一切好吃的东西没有赶得上盐的；无论如何烹调，如果没有盐，就很难调好味道。”德川一听，有些道理。又问，什么东西最不好吃，御尾又答：“最不好吃的东西也莫过于盐的了。无论怎样好吃的东西，如果盐味过浓，就不能吃了。因为它丢掉了本来的味道。”所以宋应星说：“食盐，生人所必需，国家大利存焉。”

◢ 四川成都出土的盐场画像砖拓片图

◢ 煎煮海盐图

明代盐场很多，两淮盐场最大。盐的品种一直都有木盐、石盐、白盐、红盐、伞子盐、水晶盐、黑盐、黄盐、紫盐、苦盐等类。

酱

酱的种类也很多，如豆酱、肉酱、芥酱、蚁子酱等。明代豆酱居多，也是最常制作的一种。制法是用黄豆和面粉搅拌均匀，放置发黄，俗称“酱黄”。再用盐水和入，一般是装到一个缸里面，用太阳晒至黏稠，就制成了。可以用来烹饪，也可以就着面饼子吃。富有之家还制作枸杞酱、玫瑰酱、芝麻酱等。

醋

“醋”古称“酢”“醯”“苦酒”等。明人食用的醋，是用米或粞（碎米或糠）制造的。醋分品级，上品色红，称“珠儿滴醋”，次品色黄，下品色白。明代谚语：若要富，卖酒醋。酿醋的制作成本比较高，利润也很大。李时珍《本草纲目》提到的醋的种类，有米醋、麦醋、曲醋、柿子醋、糠醋、糟醋、饧醋、桃醋、葡萄醋、大枣醋、糯米醋、粟米醋等数十种。

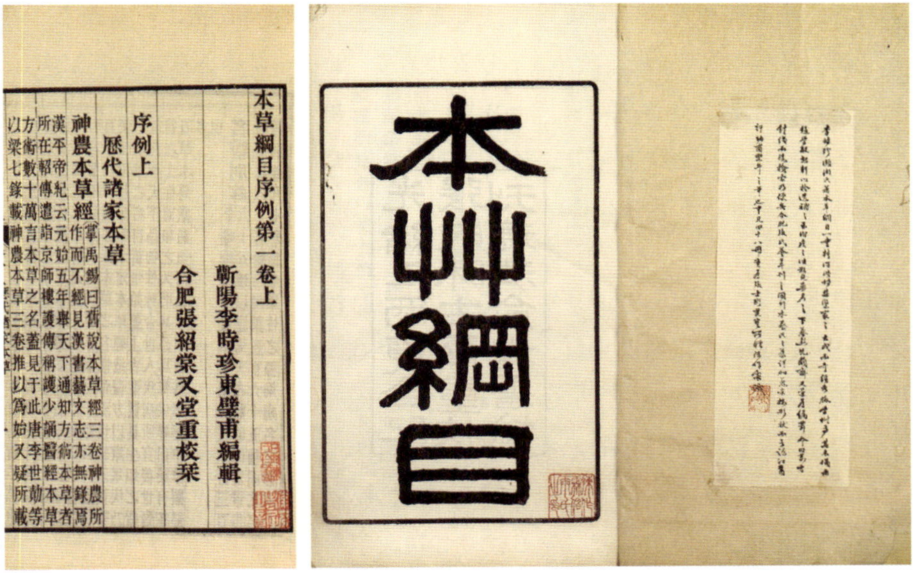

明 · 李时珍《本草纲目》
清光绪年间合肥张氏味古斋刻本

茶

“茶”字从“荼”简化而来。根据采集节气的不同，茶又可分为上、中、下三品，惊蛰为上品，清明为中品，谷雨为下品。明代贡茶分别称为探春、先春、次春、紫笋。市面上经常有假茶，称为“盗叶”。明代常见的假茶是用苦灯树叶子充当茶叶。市井小民终年喝不起茶，就用杨柳叶代之，俗称“托叶”。当然了，还有一种“茶”，就是米汤。煮饭过程中待到水开之后，要把锅里的水分倒干，然后才能开始焖饭，被倒掉的水就是米汤。

朴素：金花菜与神仙菜

明末寒士陈确为自己多年的“老朋友”写过一首赞美歌：

瓶菜询已美，蒸制美逾并。尤宜饭锅上，谷气相氤氲。一蒸颜色润，再蒸香味深，况乃蒸不止，妙美难具陈。贫士昧肉味，与菜多平生。因之定久要，白首情弥亲。十日菜一碗，一碗几十蒸，十蒸尽其性，齿莽安可云！当午饭两盏，薄暮酒半升，相得无间然，千秋流项声。非敢阿所私，良为惬公论。

读书这条路是很辛苦的，知识改变命运有时候又是那么的不近人情。穷秀才生计窘迫，只能以蔬菜充饥，不能油炒也没有作料，就放在饭锅上蒸熟，还要用文字来娱乐，潦倒生活可见一斑。

读书人生活节俭朴实的记录非常多，如浙江生员请朋友来家饮酒，因家贫无仆，即以其子躬持肴酒服役，不但不为耻，反而习以为常。绍兴生员经常寄居在寺庙读书，“俱用菜腐，旬日或设咸鱼，不知有肉味也”，日常饮食与僧侣无异。苏州名人文徵明（1470—1559）生活素俭，只有馅饼、面饭、菜粥，再加一点清酒。

就算考中为官，也不是人人都会过上奢靡豪华的生活。建文帝时，刑科给事中黄钺曾用菜粥招待朝廷使者。据说，江西人即便是一朝发达，地位煊赫，也不忘记贫贱时候的日子，称蔬菜为“旧朋友”。云南巡抚王恕一家人一日三餐也就吃一斤猪肉，两刀豆腐，一把青菜。省部级干部这样的饮食标准，已经是非常低了。文人董良仪一辈子请客“吝啬”得很，连馒头都舍不得破费。有一次施西亭专程拜访董良仪，也就看到了一盘卷蒸。同去的友人是又生气又好笑，只得笑道：“董良仪馒头，一生吃他不成矣。”

求学之人大都是背井离乡，历经坎坷。以前有凿壁偷光、负箧曳屣，更多的是长年累月羁旅他乡，此间寄托的是家庭甚至家族的希望和牵挂。这种希望是无私的，这种牵挂又是悲伤的。读书人的生业不仅是人生无常的无奈，还有义理的煎熬。

草头

根据清代全祖望《鲒埼亭续集》记载，明末云南嵩州太守钱房仲死在任上，他的儿子闻讯之后，想去嵩州运回父亲的灵柩，却因为没有旅费只得沿路卖唱挣路费。

宣德二年（1427）丁未科殿试金榜第三甲赐同进士出身共六十三名，兵科给事中蒋性中就是其中之一，他请人吃饭从不超过五个菜，其中有一碟雅称“金花菜”，实际上就是一碟草头，而且还是清炒。布政司参政张楚城稍微“大方”些，请人吃饭会上一盘肉，然后就是一道“神仙菜”——所谓“神仙菜”其实就是腌菜。一荤一咸似乎也很下饭。请人吃“金花菜”或“神仙菜”，说明自家平时所食不过如此，甚至更俭朴。由此可见，这些人“苦行僧”的人生观，丝毫不逊于近代西方新教徒“食不甘味、夜不安枕”的节制生活。

在奢豪狂放的晚明，也确实出现了一批继承儒家“真率”传统，提倡清雅，开始以“省宴费”为宗旨举办聚会，并在士人群体中倡导俭素的风尚。如李日华创办“竹懒花鸟会”，按照人头分配食物，种类不超过五样，坚持“裕于用”“侑杯杓”“填然以饱”“济虚之需”的“光盘”标准。又如蒋德璟设立的“笋江社”，也以省费、崇俭为宗旨。还有冯时可设立的“林间社”等。在大吃大喝的时代背景下，都践行简、素、俭、雅，其意也无非是坚守“静以修身，俭以养德”的古训。

◢ **明·缪辅《鱼藻图》**
人们喜欢鱼，除了味道鲜美之外，还由于它的象征意义。在民间画工看来，“如鱼得水”可以用来祝福生活工作自在、美满，而文人士大夫则取庄子濠梁观鱼的“鱼乐”自比。

求自在：好小友张岱的美食缘

六岁时，祖父带着张岱去武林的途中遇见跨鹿游钱塘的陈继儒，陈眉公听说张岱擅长对子，于是有意指着屏上的《李白骑鲸图》出了上联：“太白骑鲸，采石江边捞夜月。”张岱马上应联：“眉公跨鹿，钱塘县里打秋风。”听罢，眉公大笑，跃然起身：“那得灵隽若此！吾小友也。”

几十年后，恰逢家破人亡，夕阳惨照之际，张岱独自品味着这句话。

张岱(1597—1679)，明代史学家、散文家，山阴（今浙江绍兴）人，又名维城，字宗子，又字石公，号陶庵、天孙，别号蝶庵居士，晚号六休居士。寓居杭州，出生仕宦世家，著有《琅嬛文集》《陶庵梦忆》《西湖梦寻》《三不朽图赞》和《夜航船》等文学名著。我们熟知的“人无癖不可与交，以其无深情也；人无疵不可与交，以其无真气也”就是出自宗子之口。这话彻底否定了所谓“足赤”的“完人”，可谓“伤心悟道”之言。

张岱出生于官宦世家，祖、父两辈都出仕。张家也是美食世家，其祖张汝霖著有《餮史》四卷，专讲饮食，同时还是书香世家，祖、父辈均博通经史文学，以藏书三万余卷名闻江南望族。

在如此优越的环境下成长，加之本人聪敏好学，张岱一生多才多艺，写得一手好散文，集晚明小品精粹之大成。他也是一个才华横溢的“吃货”——就是美食家，张岱在祖父所著《餮史》的基础上搜辑考订，编成了《老餮集》一书。

只可惜，张岱选错了人生方向。有句话叫作“方向比努力更重要”，方向错了，越努力反更糟糕。张岱就是这样的典型例子，千不该万不该，他不该追求个性解放，说什么“物性自遂”“纵壑开樊”，潜台词不就是指现实社会摧残人性、束缚自由吗？他喜欢美食，就把美食提高到“帝王家法”的高度，这与“治国平天下”的“帝王家法”完全不是一回事。虽然明朝的很多皇帝也没有把治国平天下的家法放在心上，做的也无非是吃喝玩乐的个人兴趣，但是张岱你不能说出来啊，这不是搞笑吗？难道是暗含嘲讽？最不应该的是他“不读朱注”，认为朱熹对四书五经的注解有问题，每次考试，他总是大发议论，进行批驳，所以一生科场失意。既然考不上，也不想委屈自己去考上，那张岱为什么还要一次次地赴考呢？考到明朝都灭亡了还没考上。张岱只好入山著书，以此终老于世。

张岱为人作文皆潇洒。在《陶庵梦忆》中，他曾经这样描写自己的居所：

> 居处鱼宕，横亘三百余田，多种菱芡。小菱如姜芽，可以采食，嫩如莲实，香似建兰，无任何滋味可以匹敌。深秋，经霜的橘子，不到个个红绽时，不轻下剪。冬季观鱼，鱼艓鳞次栉比，以网捕鱼，寸鲵纤纤，无不毕出。

在广阔的别墅里，农林牧副渔，样样俱全，闲来无事，插秧捕鱼好不快活。在《游山小启》中，张岱把游玩的乐趣通过短短数语表达得酣畅淋漓：

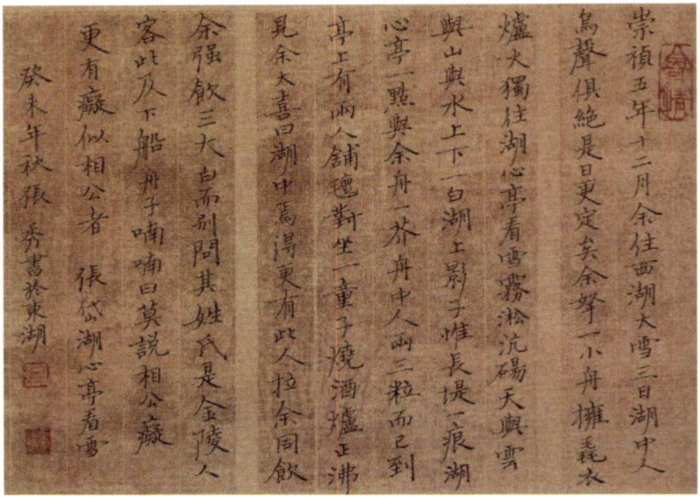
崇禎五年十二月余住西湖大雪三日湖中人
鳥聲俱絶是日更定矣余拏一小舟擁毳衣
爐火獨往湖心亭看雪霧凇沆碭天與雲
與山與水上下一白湖上影子惟長提一痕湖
心亭一點與余舟一芥舟中人兩三粒而已到
亭上有兩人鋪氈對坐一童子燒酒爐正沸
見余大喜曰湖中焉得更有此人拉余同飲
余强飲三大白而别問其姓氏是金陵人
客此及下船舟子喃喃曰莫説相公癡
更有癡似相公者 張岱湖心亭看雪
癸未年秋張 秀書於東湖

明·张岱《湖心亭看雪》全文

幸生胜地，鞋靸下饶有山川；喜欢作闲人，酒席间只谈风月。野航恰受，不逾两三；便榼随行，各携一二。僧上凫下，觞止茗生。谈笑杂以诙谐，陶写赖此丝竹。兴来即出，可趁樵风；日暮辄归，不因剡雪。愿邀同志，用续前游。

张岱还是一位有格调的“驴友”。他到处寻胜探幽，足迹几乎遍及全国各地，不断变换自己的生活场景。频繁地往来于苏州、杭州、扬州和金陵等繁华之地，还时不时地远游山东，寻访名川古刹，尽情投身于风情万种的大自然怀抱中，在逍遥游中究天人之际。

张岱经常参加并且主持晚明流行一时的“自助餐”“农家乐”。参加的人各自备好食物、器具。有时候是成群驾舟泛游，小船上香炉袅袅，边吃边喝边聊天；有时候是找个山头或平地，大家席地而坐，看日出，赏月色……张岱自作墓志铭，坦言：

少为纨绔子弟，极爱繁华。好精舍，好美婢，好娈童，好鲜衣，好美食，好骏马，好华灯，好烟火，好梨园，好鼓吹，好古董，好花鸟。兼以茶淫桔虐，书蠹诗魔，劳碌半生，皆成梦幻。

“劳碌半生，皆成梦幻”。这是多少人生的真实写照啊！

周作人曾说：“张宗子的文章我们不能学，也不可学，正如陶云厂说陶渊明的诗一样。但是我们同在一条道上走着，当然感到亲近。”也许张岱选择的人生道路不是我们一般人所能轻易选择的，周说张岱的文章我们“不能学，也不可学”，或许更说明了张岱所选的人生之路根本就是我们所不知道的。很多人劳碌半生，也会有“皆成梦幻”的感慨，而张岱的感慨不仅仅是自身的感慨，更是留给后人不断的感慨，这或许就是感慨的更高境界了。

明·陈洪绶《闲雅如意图》（局部）

主人坐前的石几上置有书画、香炉、瓶花，对面淑女正坐于太湖石上补衣。此图幽雅清逸，体现了明朝人淡雅别致的生活情调。

半壁山房待明月，一盏清茗酬知音

不羡黄金罍，
不羡白玉杯，
不羡朝人省，
不羡暮人台，
千羡万羡西江水，
曾向竟陵城下来。

——陆羽《六羡歌》

我曾经在《金瓶梅》里看到一句话："闲是闲非休要管，渴饮清泉闷煮茶。"中国是茶的故乡，茶文化的发祥地。唐代的**陆羽**①一生嗜茶也精于茶道，撰写了世界上第一部茶文化专著——《茶经》。茶文化能有如此长久的生命力和吸引力，也得益于文学作品的包装和粉饰。事实上，中国的文学艺术作品中就留下了大量茶的足迹，如白居易所作《两碗茶》：

食罢一觉睡，起来两碗茶。
举头看日影，已复西南斜。
乐人惜日促，忧人厌年赊。
无忧无乐者，长短任生涯。

明代前期延续了传统的茶文化，崇尚简约，追求"茶道自然"，以茶道展现苦节。晚明时代风气的嬗变也影响到了茶文化，一方面饮茶成风而且不分阶层，

① 陆羽（733—804），今湖北省天门市人。字鸿渐，号竟陵子、桑苎翁、东冈子，又号"茶山御史"，被后人誉为"茶仙""茶圣"。

茶艺日臻精进，另一方面文人雅士对品饮意境有了新的追求，讲究至精至美的“道”的境界。还有些人把饮茶当作附庸风雅的形式，造成茶道世俗化趋向。中国的茶文化，茶道是核心。茶道的第一个层面是备茶品饮之道，即备茶的技艺，第二个层面是通过茶道陶冶情操、修身养性。

明代茶叶贸易非常兴盛，永乐年间设置了“茶马御史”，专门管理茶马贸易。不仅国内市场广大，由于明海外贸易频繁，茶叶也逐渐成为畅销海外的大宗商品。每逢茶季，“男女错杂，歌声满谷，日夜力作不休”，“富商大贾，骑从布野，倾囊以质，百货骈集，开市列肆”，成了山中盛事。采摘下来的茶叶一般当天就会被茶商或代理商人收购，进行加工，然后转销各地市场。

明·陈洪绶《授徒图》

图中一位学士坐在几案边，手执如意，正向弟子传授技艺，两位弟子一个看画，一个插花，而几案上自然摆放的茶壶、杯盏恰于无意中表明，茶已成为明代文士日常生活中必不可少的部分。

明代饮茶成风，茶叶贸易兴盛，茶坊遍地。明代戏曲《寻亲记》第三十三出“惩恶”中《水底鱼儿》一段为我们细致地描述了明代的茶坊，可以说是当时社会的一个缩影：

开设茶坊，声名满四方。煎茶得法，非咱胡调谎。官员来往，招待日夜忙。卢仝陆羽，也来此处尝。也来此处尝。

自家生居柳市，业在茶坊，器皿精奇，铺排洒落，招待的都是十洲三岛客，应付的俱是四海五湖宾，来千去万。耳边厢听了多少清谈，小心奉承。眼面上顿成几多欢喜。真个是风流茶博士，潇洒酒家人。恐有吃茶的来，不免在此伺候。

明·仇英《南都繁会图卷》（局部）
在明朝，茶坊与茶馆是繁华商会中不可缺少的娱乐场所。

《儒林外史》第二十四回“牛浦郎牵连多讼事，鲍文卿整理旧生涯”对南京的饮茶氛围有较详细的描述：

大家小巷，合共起来，大小酒楼有六七百座，茶社有一千余处。无论你走到一个僻巷里面，总有一个地方悬着灯笼卖茶，插着时鲜花朵，烹着上好的雨水，茶社里坐满了吃茶的人。

茶坊，同时也叫茶肆、茶屋、茶摊、茶铺、茶馆等，称谓不同，规模和经营都有所区别。茶坊至少在唐玄宗年间就有了，唐代称为茗铺，茗，就是茶的意思，如“春满潮州香满茗”。张岱在《陶庵梦忆》中也提到，明代茶馆“极其精洁讲究”。如“崇祯癸酉，有好事者开茶馆。泉实玉带，茶实兰雪；汤以旋煮，无老汤；器以时涤，无秽器。其火候、汤候，有天合之者。余喜之，名其馆曰‘露兄’”。这与北宋米芾“饭白云留子，茶甘露有兄”之句不可谓不有异曲同工之妙。

明人茶道还在品饮的过程中加入了其他元素，如美人伴茶、焚香伴茶。从文献记载来看，明人喜欢的焚香伴茶风尚，最先兴起于江浙一带。文震亨《长物志》有“香茗”一节，记载了明人的这种茶美与人美相结合的饮茶情趣。

香、茗之用，其利最溥。物外高隐，坐语道德，可以清心悦神；初阳薄暝，兴味萧骚，可以畅怀舒啸；晴窗拓帖，挥尘闲吟，篝灯夜读，可以远辟睡魔；青衣红袖，密语谈私可以助情热意；坐雨闭窗，饭余散步，可以遣寂除烦。醉筵醒客，夜雨蓬窗，长啸空楼，冰弦戛指，可以佐欢解渴。品之最优者以沉香、芥茶为首，第焚煮有法，必贞夫韵士，乃能究心耳。

王世贞对美人伴茶的情形也有描述，如《解语花·题美人捧茶》：

中泠乍汲，谷雨初收，宝鼎松声细。柳腰娇倚，熏笼畔，斗把碧旗碾试。兰芽玉蕊，勾出清风一缕。颦翠娥斜捧金瓯，暗送春山意。微袅露环云髻，瑞龙涎犹自沾恋手指。流莺新脆低低道：卯酒可醉还起？双鬟小婢，越显得那人清丽。临饮时须索先尝，添取樱桃味。

应该说美人伴茶和焚香伴茶是以文人群体为代表的休闲时尚。虽然优雅惬意，但是由王词联想到明代江南士人出则携妓而游，居则红袖添香，难免有些登徒子的印象。

明末才子佳人的佳话很多，其中江南才子钱谦益与名妓柳如是在当时文坛上共同创作了一段与茶饮有关的佳话，曾有辑录钱谦益如是所说：

姬能饮，自入吾门，见余量不胜蕉叶，遂罢饮，每晚侍荆人数杯而已。而嗜茶与余同性，又同嗜片界。每岁，半塘顾子兼择最精者缄寄，具有片甲蝉翼之异。文火细烟，小鼎长泉，必手自炊涤。余每诵左思《娇女》诗：吹嘘时鼎之句，姬为解颐。至沸乳看蟹目鱼鳞，传瓷选月魂云魄，备极卢、陆之致。东坡云：“分为玉碗捧娥眉，余一生清福，九年占尽，九年折尽矣。”

说到这里，难免会给人造成一个误会，因为饮茶与美色密不可分。其实就饮茶本身来说，功用显著，简单来说有六：

一是隐士羽客，谈玄论道，能清心悦神助人谈兴；二是晨曦薄暮，兴致索然时，可使人心胸开阔，长啸尽兴；三是或晴窗之下，读碑摹帖，或手执拂尘，有所吟咏；或烛台高笼，灯下夜读，可以祛除睡魔；四是家人相聚，儿女情长，喁喁私语，能助天伦之乐；五是雨窗紧闭，饭后小踱，焚香啜茗，能排烦恼，解寂寥；六是醉后初醒，或窗下夜话，

明·陈洪绶《停琴品茗图》（局部）
画中描绘了两位高人逸士相对而坐，手捧茶盏，谈诗论画，焚香品茗。如此幽雅的环境，把人物的隐逸情调和文人淡雅的品茶意境，渲染得充分又得体。

或空楼长啸，或一曲挥洒，既佐欢助兴，又解渴。

明代品茶艺术细致入微，形成了一套理论。冯桢卿的《岕茶笺》提出了品茶的十三宜和七禁忌，无论是在茶道的理论还是实践上都是一种不小的深化。所谓十三宜，即：

一无事，有品茶的工夫，神怡务闲；
二佳客，审美者趣味高尚，懂得领略茶中三味；
三独坐，心地安适，自得其乐；
四吟诗，以诗助茶兴，以茶发诗思；
五挥翰，濡毫染翰，泼墨挥洒，有茶助之，更尽清兴；
六徜徉，庭院小径，信步闲行，时啜佳茗，幽趣无穷；
七睡起，一枕酣梦后，吸之啜之，神清气爽；

八宿醒，宿醉未醒，茶能破之；
九清供，有清淡茶果，以佐品啜；
十精舍，精洁雅致的茶室，渲染出空灵，肃穆的气氛；
十一会心，如书法创作时的偶然欲书，贵在自然，使茶功德圆满；
十二赏鉴，不是为饮，而是为品，品茶的色、香、味、形；
十三文僮，有文静伶俐的茶童，以供茶役。

所谓七禁忌，即：

一不如法，指烹点不得法；
二恶具，指茶具不精洁；
三主客不韵，主人、客人举止粗鲁，没有涵养；
四冠裳苛礼，官场来往中不得已的应酬，使人拘束；
五荤肴杂陈，茶贵在清，一染腥膻，不能辨味；
六忙冗，具品茶所需工夫；
七壁间案头多恶趣，环境的布置，令人觉得俗不可耐，难以有品茶的兴致。

品茶还有“四不韵”和“二十四时宜”。所谓“四不韵”就是指人、事、物、地四者，如果不合适就排除在外。明人许次纾（1549—约 1604）在《茶疏明饮时》中叙述了饮茶二十四宜的细目：

心手闲适、披咏疲倦、意绪棼乱、听歌闻曲、歌罢曲终、杜门避事、鼓琴看画、夜深共语、明窗净几、洞房阿阁、宾主款狎、佳客小姬、访友初归、风日晴和、轻阴微雨、小桥画舫、茂林修竹、课花责鸟、荷亭避暑、小院焚香、酒阑人散、儿辈斋馆、清幽寺观、名泉怪石。

陈继儒在《岩栖幽事》一书中，特别强调了“品”字的重要性。他认为：

一人得神，二人得趣，三人得味，七八人是名施茶，一人自煎自品，最能体会出茶的神理，二人尚得品茶之趣，三人只得茶味，七八人共饮，就成了仅供解渴的施茶所，趣味尚不能得，便无从谈及得其神韵。古人尤喜自煎自品，道理奥妙即在这里。

明代中晚期，江南一带，如苏州、常州等地的一些文人，以诗文、书画相互唱和，同时又以茶人的身份引领一代饮茶风气。这些人既在传统士大夫群体之中，也形成了茶人的小团体。台湾吴智和研究认为，当时的茶人成员之间已经具有较强的身份认同和群体意识，以茶社、茶会的形式形成了稳定的明显的社会组织。以茶会为聚会方式，来完成文化生活，由此也可以看出有明一代茶饮之盛。

雕梁画栋

苑阁重重，亭台楼榭烟雨中。

中华建筑文化是别具一格的东方文化，与西方建筑文化形成鲜明的比照。传统的建筑风格有着明显的伦理道德色彩和浓厚的“亲地”倾向，追求人与人的有序、人与自然的亲和，体现了一种人道和谐、天人合一的时空意识和人文意识。如果把我国传统建筑的发展历程看作是一个联系、发展的过程，可以这样生动形象地进行分段：史前为“晨曦”，夏商周是“朝霞”，秦汉如“煦日”，隋唐似“艳阳”，明清若“晚霞”，事实上，这道“晚霞”反胜过“煦日”——明清建筑是中国建筑文化史上的高峰，是古典建筑文化的终结和向近代的趋新。明中叶之前多承袭、总结汉唐宋元以来的传统，明清易代之后民族融合明显，鸦片战争之后，欧风美雨影响可谓日甚一日。从某种意义上说，明中叶至晚清是中国近代文化包括建筑文化的启蒙期和孕育期。

单就明代建筑来看，样式上承宋代营造法式的传统，下启清代官修的工程做法，明太祖朱元璋斟酌古今经典范式，在大臣们的配合下建立了一套严格的建筑规制，住宅制度中尤为凸显皇家的天威高贵。这一时期的城市规划和宫殿建筑均为后世所沿用，古都北京和古城南京均为明代遗作，规模宏大，气象雄伟。天下甫定时，城镇村落在破乱中重建，面貌一新。明代中期之后东南城镇兴起，工商业和手工业者队伍扩大，市民建筑兴起，富商、士人喜好修建园林。正德年间及后，奸相、宦官交替专权，士人受到打击，士风变化引起世风变化。阳明学以狂禅之态走向狂放，徐光启等接触西方事物，提倡“实学”。方以智《物理小识》、宋应星《天工开物》等著作面世，表明明人已经在不断关注“器物”层面的技术问题。这些因素使得明人在居住习俗和建筑风格上都不断趋向繁琐。

北京紫禁城金水桥与护城河

明代皇家建筑样式上承宋代营造法式的传统，下启清代官修的工程做法。朱元璋斟酌古今经典范式，建立了一套严格的建筑规制，住宅制度尤为凸显皇家的天威高贵。

明代建筑略述

住宅是人们生活的重要场所，住宅的建造、装饰可以说是一种必需，也可以弄成一份奢华，既用来遮风避雨，也为了装点门面。这是住宅的实用价值、社会价值与美学价值的统一。一座座建筑在眼前呈现，可以看出时人形形色色的日常生活和他们的心态。

公元前 202 年刘邦建立西汉，此后历史的车轮又碾过了整整 1570 年。公元 1368 年，朱元璋在南京建立了中国历史上第二个强大、统一的平民政权，采取了整顿吏治、发展农业、兴修水利等一系列措施。经过整整两代人约半个世纪的努力，社会生产得到恢复和发展。明人在生活起居方面开始超过元代的水准，呈现出更加丰富、多元的社会景象。众多旧城名都均面貌一新，人口繁盛、商贾流通的新镇新城不断涌现，宫苑、寺观与各色各式建筑四处兴建，物质条件的改善更促进、丰富了与日俱增的文化活动的兴盛。

北京城也在这一时期获得新生，其在元大都的基础上稍向南移加以改造扩

建造于明永乐十八年的祈谷坛

建，全城呈略横的方形，东西6650米，南北5350米。目前可见的故宫分为中、东、西三路建筑组群。故宫雄伟壮丽不失精致秀美，向世人昭示着皇权的至高无上，规划设计集历代制度大全，全面复兴和发展了周礼的朝寝制度。这其中也不免有过分追求之嫌——明代皇家建筑更加注重皇家与臣民之间的等级差别，相比之下官民之间的区别稍为淡化。富商、官宦修建林园以消闲为目的，追求一种山水之美与田园之乐，当然，这种悠闲是建立在功名与财富之上的。南北民居差异明显，主要是受到环境影响。谢肇淛①在《五杂组》说道：

江南无茅屋，江北无溷圊。南人有无墙之室，北人不能为也；北人有无柱之室，南人不能为也。北人不信南人有架空之楼，行于木杪；南人不信北人有万斛之窖，藏于地中。

明代一般房屋和高档住宅价格悬殊。《警世通言》中“赵春儿重旺曹家庄”中曹可成想买一所空房子，“只要五十两银子”；而在“桂员外途穷忏悔”故事中有“房产值数千金”，由于急售“只值四百金”。

万历年间，被中国士大夫称为利西士的利玛窦为了传播主的福音来到中国，利西士把在中国的见闻记录下来，写成了一部《利玛窦中国札记》。书中有一段关于建筑的论述：

从房屋的风格和耐久性看，中国建筑在各方面都逊于欧洲。事实上，究竟这两者中哪个更差一些，还很难说。在他们着手建造时，他们似乎是用人生一世的久暂来衡量事物的，是为自己盖房而不是为子孙后代。而欧洲人则遵循他们的文明要求，似乎力求永世不朽。中国

① 谢肇淛（1567—1624），福建长乐人。字在杭，号武林、小草斋主人，晚号山水劳人。万历二十年进士，历任湖州、东昌推官，南京刑部主事、兵部郎中、工部屯田司员外郎，广西按察使，广西右布政使；重刻淳熙《三山志》，著《五杂组》《太姥山志》。

人的这种性格使得他们不可能欣赏表现在我们的公私建筑中的那种富丽堂皇，甚至不相信我们告诉他们的有关情况。我们告诉他们，我们有很多的建筑已经受风雨达百年之久，有的甚至达一两千年，他们听了完全是一副茫然不解的表情……他们自己从不挖掘地基，而只是在一片不裂开的地面上放上一些大石头；或者如果他们挖地基，深度也不会超过一码或两码，即使墙壁或楼台要造得很高。结果他们的房屋城堡甚至不能经受百年的风雨，而不得不经常修缮……他们的房屋大多是木结构，或者如果是砖石建筑，它们也由木柱支撑的房顶所遮盖。这种建筑方法的优点是墙壁可以随时翻修，而房屋的其余部分保持原样不动，因为房顶是用柱子支撑的而不是架在墙上。

西方人看中国难免雾里看花，看不到真相。利玛窦对中国建筑的描述还算是一种谨慎的态度，见解有其合理之处。

梁思成则认为：

中国结构既以木材为主，宫室之寿命乃限于木质结构之未能耐久，但更深究其故，实缘于不着意于原物长存之观念，盖中国自始即未有如古埃及刻意求永久不灭之工程……唯坟墓工程，则古来确甚着意于巩固永保之观念。

中国传统建筑材料以木材为主，结构以木结构和梁柱结构为主，同时也不可避免受到木的制约。这种制约表现在建筑物内部空间及其构造不够丰富，建筑的外部形体又欠缺多样化，所以整体风格倾向于温润柔美。这与古希腊、古罗马以砖石为主，发展拱券穹窿结构，使得建筑在空间和形体上都有极大拓展可能的刚健雄强风格形成了鲜明对比。

明代的建筑进一步发展了木构架技艺。同时，取土烧砖技术也得到提升和推广。砖石普遍用于建筑，还配以琉璃等装饰材料。明初出现用筒拱建的房屋，上加琉璃瓦屋顶，仿一般房屋形式，俗称“无梁殿”。琉璃作为屋面或墙面的防水和装饰材料制作技术提高，产量增加，著名的南京大报恩寺琉璃塔世所罕见，只可惜已经被毁。现存山西洪洞广胜上寺的飞虹塔，重建于明代后期，尺度虽小，但依然表现出当时琉璃制作技术的高超水平。

以中国传统文化之灿烂，传统技术之精湛，似乎不应该困于这种制约而不加变革。当我们把目光从室内转向室外，由单个建筑转到建筑组群时，我们会惊奇地发现，宫殿、民居、佛寺等都采用了院落式的组合方法，建筑群从点开始，由线伸展，以院落的形式横向铺开成面的群，建筑群的布置更为成熟。集群的构造法则和对色调的高超处理展现出更为神奇的艺术效果。现存的古代住宅以明代为最早，明以前的住宅大多因毁坏或破败严重而被整修。明代住宅实物分布于山东、江西、陕西、四川、广东、福建、江苏、浙江、安徽等省，数量庞大。因不同的地理环境与文化习俗，它们形态各异，特色明显。

由此可见，“群”是中国建筑的灵魂，甚至为了“群”之一统，可以牺牲个体的多样。萧默在《建筑的意境》一书中毫不虚夸地说：“中国建筑在外部空间的创造上，占据了世界的高峰。”

传统建筑群体性构造所折射出的中国本土文化“木的特性”，说明中国人很早就萌发了群体的观念，并且深刻地影响到了社会生活和民族思维。这种源自古老森林的“木文化”有其时代价值和社会功能。然而，几千年的社会发展过程中会不会因为群体而造成了个体的压制呢？这与农耕文明把中国人束缚在土地上的“土文化”一起，相辅相成，经过长期的历史演变，又会不会造成了文明的衰微呢？

兽面锡环

明朝建筑不仅整体设计气势恢宏，就连细节方面也颇讲究耀武扬威的气势感。

密锁重关掩绿苔，廊深阁回此徘徊

明人何景明（1483—1521）曾在《入京篇》一诗中，对北京上自帝王将相下至平民百姓的居住行止做了生动描述。诗中写道：

> 轩京若水流，宫阙似云浮。畿甸一千里，山河十二州。城中甲第共崔巍，别起云甍接露台。旭日才临万户动，飞尘遥见九关开。九关鸡鸣竞车马，百僚已集金门下。入卫皆为龙虎军，来朝尽是貂蝉者。天子乘春览物华，霓旌羽扇五云车。六龙不驻千官仗，匹骑常过七贵家。七贵家连凤城里，转日薰天势无比。池榭春来锦绣围，楼台日暮歌钟起。复有蒙恩过董仇，执柄持枚得自由。不使府中除将相，直教门下谒王侯。王侯贵人慕豪富，意气相看益骄妒。未惜朱门騕裊驹，岂论金谷珊瑚树。托身日月有光辉，举翼风云多会遇。可怜汉室盛衣冠，杨雄蓬苍独饥寒。终岁校书空闭阁，十年执戟不迁官。公孙射策取卿相，李广冯唐徒自叹。

如此气势恢宏的国都布局，方整划一、主从分明、轴线贯通、秩序井然。这种现象深刻地反映了中国封建政治文化的基本特点，大一统的天下观、皇权至上的等级观、典章完备的秩序观，这些传统政治思想必然要反映在建筑层面，何景明对建筑与行止的描述与渲染，已经很清楚地表现了它们之间的关系。“华夷天堑”的万里长城、“紫微中天”的北京故宫等都是“以大称威”。明代都城规划体现的是“以中为尊”，所谓“择天下之中而立国”，“择国之中而立宫”，从建筑的构造、装饰、屋顶形式、台基高低、面阔间数等可看到“礼制至上”的等级制度观念。此外，古人“天圆地方”的认识也反映在建筑构造上。盘古开天辟地之前，天地混沌一片，太极就是天地的最初状态，太极生两仪，就代表了阴阳分开，万物开始。后人又根据八卦推演，形成了天圆地方的宇宙论。

故宫构局一览

从社会的角度来看，住宅不仅是居所，还是一种宅主的身份标志。唐宋时期对百官庶民的住宅规制就有了很多限制。如两宋规定六品以下的官员不能在宅前建造乌头门，平民屋舍进深只许五架，门屋造一间，不能有飞檐、重拱、四铺作、藻井和五彩装饰等。当时的重点是在于区别官员府宅与民宅之间的身份等差。到了明初，住宅的等级划分严于前代，这与明太祖的个性有很大关系。据《明史》“舆服”中的记载，不仅详细规定了宫室、亲王府、郡王府、公主府制，对百官府邸和百姓住宅也都有详细规定。明太祖即位之初就曾诏令百官及百姓住宅，不得雕刻古帝后、圣贤人物及日月、龙凤、狻猊、麒麟、犀象等图案。洪武二十六年(1393)，又对百官府邸规模式样做了详细限制，规定百官营造房屋，不许用歇山转角、重檐重栱及绘藻井，唯楼居重檐不禁，并在此基础上把天下住宅分成了五个等级：

檐桷彩绘

紫禁城金漆与藻井

一等：公侯，前厅七间、两厦，九架；中堂七间，九架；后堂七间，七架；门三间，五架，用金漆及兽面锡环；家庙三间，五架；覆以黑板瓦，脊用花样瓦兽，梁、栋、斗栱、檐桷彩绘饰；门窗、枋柱金漆饰；廊、庑、庖、库从屋，不得过五间，七架。

二等：一品、二品，厅堂五间，九架，屋脊用瓦兽，梁、栋、斗栱、檐桷青碧绘饰；门三间，五架，绿油，兽面锡环。

三等：三品至五品，厅堂五间，七架，屋脊用瓦兽，梁、栋、檐桷青碧绘饰；门三间，三架，黑油，锡环。三品至五品，厅堂五间，七架，屋脊用瓦兽，梁、栋、檐桷青碧绘饰；门三间，三架，黑油，锡环。

四等：六品至九品，厅堂三间，七架，梁、栋饰以土黄；门一间，三架，黑门，铁环。同时规定，品官房舍，门窗、户牖不得用红漆。

五等：庶民庐舍，不过三间、五架，不许用斗栱，饰彩色。

功臣宅舍之后，留空地只许十丈，左右皆五丈。不许挪移军民居址，更不许私占土地用来“构亭馆，开池塘，以资游眺”。庶民的房屋不能超过三间五架，不许用斗栱和彩色的装饰。洪武三十五年再次申明禁令，严格规定品官府邸间数、厅堂梁栋、装饰规格。如“百官营造房屋，不许歇山转角、重檐重栱及绘藻井”，这些限制在宋代是针对庶民的，如今品官也被限制了，这就意味着除皇家外，不论官爵多高，住宅都不能用歇山顶，只能用“两厦”（悬山、硬山）。在这套住宅等级制度下，明初房屋一律俭素，“避风遮雨”是对明初城乡住房用途

明·唐寅《高山奇树图》（局部）

此画是一幅构思巧妙的山水画杰作。画家以其潇洒的笔画勾勒出高岭山石、水天相连的高远意境。画面下半部分的构架简洁的茅屋体现了明人“俭素”、“遮风避雨”的房屋风格。

明·王谔《江阁远眺图》
画家王谔生活于明朝中期，从他的山水画之中，可以窥见当时建造的亭台楼阁并没有“雕梁画栋”的奢靡之风。

的精当概括，至于“雕梁画栋”大量涌现，这已经是明中期之后的事情了。

自中叶以后，奢侈的社会风尚使朝廷禁令名存实亡。弘治以后，浙江太平庶民之家已是“屋有厅事，高广倍常，率仿效品官第宅”。《松江府志》记载：

初惟厅事楼，乡大夫多有居城外者……今给绅必城居，故宦宅第，转展相售。居必巧营曲房，栏循台砌，点缀花石，几榻书画，竞事华侈。

明初尚有不少缙绅居住在乡村，中后期多搬入城市居住，过着城居的生活，在城里或购买没落官宦家的府邸或自己建造，住宅都很豪华，造成住宅供求关系变化，因而出现了“故宦宅第，转展相售，居必巧营曲房，栏循台砌，点缀花石，几榻书画，竞争华侈”的情状。

住宅违例不断出现。顾起元（1565—1628）《客座赘语》卷五引用王丹丘的《建业风俗记》称：

> 嘉靖十年以前，富厚之家，多谨礼法，居室不敢淫，饮食不敢过。后遂肆然无忌，服饰器用，宫室车马，僭拟不可言。又云正德以前，房屋矮小，厅堂多在后面，或有好事者，画以罗木，皆朴素浑坚不淫。嘉靖末年，士大夫家不必言，至于百姓有三间客厅费千金者，金碧辉煌，高耸过倍，往往重檐兽脊如官衙然，园囿僭拟公侯。下至勾阑之中，亦多画屋矣。

明人著作中，有关江南房舍逾制的记载颇多。正德、嘉靖时上海人唐锦也有描述："江南富翁，一命未沾，辄大为营建，五间七间，九架十架，犹为常耳，曾不以越分为愧。浇风日滋，良可慨也！"张瀚也说："近者一二巨姓，虽位臻崇秩，后人踵事奢华，增措室宇园亭，穷极壮丽。"地方志中相关记载更是比比皆是，如杭州地方志有言："五十年前，杭人有积货巨万而矮屋数椽，终身布素者，今服舍潜侈拟于王公。"

明初朝廷对百官士庶造住宅多占地、修建园林的举动的严格禁令，到了中期之后，已经形同虚设，南北造园风气日甚一日，"好精华书室器具"也成了一时的风尚。还有人以鸡毛帚扫地，用锦绸抹桌，那已经称得上是相当奢侈了。至今在民间还保存着一定数量的明代贴金家具和精美的砖石木雕刻，这也说明了制度越是严森，逾制的现象就越加普遍，因为制度无法消灭人的需求。

拙政园夏荷

明朝中期修筑园林之风盛行，在钟灵毓秀、青山碧水的江南，园林式建筑尤其繁盛。

明·唐寅《钱塘景物图》（局部）

此画是明代山水画之神品。崇山栈道气势雄伟，而文人独坐于杨柳环绕的简朴草阁之中，两相承托之下，明人朴素的房屋风格与雅士的清幽品质融为一体。

民居类型

居住类建筑是最古老的建筑。《周易》所谓：“上古穴居而野处，后世圣人易之以宫室，上栋下宇，以待风雨。”古人穴居，后来建造房屋。根据风俗习惯、气候风土、山形地势、文化背景等不同因素，各地民居又各有特色。一般来说，以秦岭与淮河为界，分南北两种不同风格。大的不同之中又有小的区别，如北方大多数为院落式结构住宅，但在黄河中游地区，则出现了与此截然不同的窑洞式住宅。同处于南方的江浙与四川、岭南的民居类型，又各有不同。

四合院

明代北方民居多以院落结构为主，四合院是其中的典型代表。四合院的建造历史可以追溯到西周时期，在古代民居中，四合院式的建筑结构占有举足轻重的作用，因为即便是气势恢宏的紫禁城，它的基本架构也是一种四合院式。

北京四合院作为民居建筑，体现了一种高级的文化形态，是华北地区典型的居住建筑，明清为其繁盛期。四合院，顾名思义，呈四周回合形制，四周房屋的外墙围成一个封闭式的院落。正房坐北朝南，正房前面有一个庭院，作为全家的公共活动场所，也是交通要道与绿化区域。庭院左右两侧为东厢、西厢，东厢住长，西厢住幼；东厢住兄弟，西厢住姐妹。崔小姐与张生的故事按常理肯定发生在西厢，所以叫《西厢记》。从庭院向南走出中间的垂花门，是一个较为狭长的东西向小院，小院南边即为“倒座”，呈坐南朝北的态势，称南房。倒座是男佣居住的地方，或者用以堆放杂物之类。在正房之北，与倒座相对的是北房，虽然也是坐北朝南，但处于四合院的最北端，地位也不高，一般是供女佣居住的偏房。在四合院的南围墙，也就是在东南角开一扇门出入。

明清北京四合院的基本形制就是这样，不过也有例外。四合院的规模有大有小。大型四合院由两个或者两个以上的院落组成，几进院落在一条中轴线上。

颐和安缦四合院（鸟瞰全景效果图）

一般好一点的四合院，进门迎面有照壁。小型四合院就正房与厢房三间。也有的在正房东西两侧和厢房之南构造成小屋，宅门也比较简朴。

受到北方自然环境的影响，四合院构造有利于冬天保暖，又在文化理念上体现了中原民族性格的内敛与向心。四合院的布局，是八卦方位与中宫为尊的文化模型的结合，即离南、坎北、震东、兑西、巽东南、坤西南、艮东北、乾西北和中宫。比如说在中宫建造主房，大吉大利。巽在东南，巽为风，为入，所以在东南开门。西厢处于兑位，“兑者悦，少女也”。东北为艮，艮为止，不吉利，但可以补救，把厨房设置在东北，变成了“生火”，就旺了。南房（倒座）处于离位，按照《易经》“离者，火也”之说，也是吉位。

同时，这种居住布局活动范围大，采光度好，生活气息浓。四合型的院落，一方面，体现了自给自足的家庭生产方式，可以在一定程度上保持与外界的隔离，确实也造成了人们这种封闭的心态；另一方面，农业文明使得人们对自然有一种天然的依恋和热爱，喜欢在庭院中种植花花草草或瓜果菜蔬。内部房屋的格局与分等，充分体现出礼制与宗法观念对人们衣食起居的支配。

窑洞

“上山不见山，入村不见村，院落地下藏，窑洞土中生。”窑洞直接继承与发展了远古穴居文化，多见于西北、华北广大黄土地区。相对来说，窑洞施工简便，少占用地表面积。

明清时期的窑洞类型有靠崖窑、地坑窑与锢窑。靠崖窑建造在黄土崖壁，从崖壁向内挖掘，挖成横洞，经常是几个洞构联在一起，崖壁上若干窑洞呈一字型，上下又有数排。整个是台阶式的窑洞组群。这时期的窑洞已经不仅仅限于“洞”了，有的在洞内加砌砖券或石券，也有在洞口外侧砌砖、石为墙，既坚固又安全。还有在洞口以外扩建“咬口窑”（石窑或砖窑），甚至在崖外建造院落。

地坑窑又称天井窑，从地面向下挖深坑，坑口为方形的边长可达十米左右，有的长方形或者丁字形长达五十米，一般地坑深度至少在五米以上。地坑挖好之后，四边向四周挖掘洞穴。在向南的坑壁上挖出并列的三眼窑洞，中间为明间，尺度较大，两侧为稍间或耳房。明间为家长、老人、夫妻居住，子女住在西面的窑洞，东面窑洞为厨房、仓房之类。这种地坑窑在建造观念上已经受到四合院形制的影响。锢窑分地面式与半埋式两种，可以说是从地下穴居到地面住宅的一种过渡，当然也可以说是一种结合。用土坯或砖石砌成一个拱券式的窑顶和墙体，上面覆盖厚度不到两米的泥土。明清时期的窑洞，经过长期的实践与改建，窑洞内的空间布局与功能已经非常丰富。窑洞除了居室外，还开辟了粮仓、菜窖、鸡窝、猪圈甚至是磨坊、织机房等用于生产活动的空间。

苏意、扬气与徽派

在江南文化圈里有很多重要的城市，最能代表江南市民文化的莫过于扬州、苏州了。明清时期扬州、苏州和徽州在社会生活等方面都产生了频繁的互动。以此三地为代表的江南民居平面布局上与北方“四合院”构造有相似之处。扬州、苏州呈现了水乡民居的群体结构，而徽州则属于典型的山区田园派。

青砖黛瓦、清水原色、雄浑古朴是扬州建筑的外观特色。民居多为七架梁和五架梁，从平面布局来看，最常见的是“凹”字形，又叫“三合院”，俗称“三间两厢”。“回”字形，又叫“四合院”，俗称“对合两进”。此外，还有“一”字形（几间一字相连，无厢房）和“L”字形（因为地形影响转弯），大多是贫穷人家的住宅。大户人家多采用“日”字形（堂屋后面再建套房，呈复合状）和“三”字形（多进房屋呈前后排列），特别富裕的还建有四五进、八九进等。不管几进，最后一进肯定高于前一进六寸或一尺六寸，叫做“步步高”。

“苏湖熟，天下足。”苏州一带在历史上很长一段时间里都是富庶之地。密集的水道将城区分割成不同的居住区，每一块居住区前面是街道后面靠着河流，所以称街坊。民居多以三间或五间的单体建筑为主，称为“落”，连接着“落”的天井、庭院之类的单元称为“进”。落与进交替布局，两侧则是高墙，形成了独立的住宅生活区。在多进的民居中，正厅是民居中的主建筑，采用抬梁式结构，一般都有两层，带有两侧的厢房，楼上是卧室，楼下是大厅。大户人家的院落还建造绣楼，专供女儿居住。如果整个住宅有多条中轴线，在边上的一组中，相应的中间位置会建造一个花厅，花厅前面的花园叫作“前花园”，后面的叫作“后花园”。花园中建造戏台、亭阁，或用假山、浴池布局，充满了生活乐趣。

皖南民居也以院落式为主，基本上是三合院和四合院。在此基础上还可以排列组合、变化发展。一条轴线上前后院落的排列“步步升高”，前后逐次增高，俗称“前低后高，子孙英豪”。复合型的住宅，每一个院落都有正堂。四层院落的叫“四进堂”，五层院落的叫“五进堂”，甚至还有“九进堂”。中间的厅堂合一屋脊，俗称“一脊翻两堂”。徽州地处皖南山区，人地比例失衡，科举入仕与外出经商是两条重要的生路。当地住宅布局紧凑，多二层以上楼房。外观一律白墙、灰瓦、马头墙，十分平淡，围墙开窗的情况少，如果有也是在二楼以上墙面开小窗。富贵之家内院精美的木雕、石雕和砖雕非常丰富，还有涂金、烫金的家具，装饰极其豪华。这是遵守“财不外露，富不外泄”的古训所致。徽州溪南村有座明代吴息之宅，现在仅存一组院落。该住宅大门面向西南，前面就是小巷，进门是一个天井式小院，四周围着二层楼房，一楼低矮，二楼比较宽敞，可见二楼是主厅，木雕装饰也集中在楼上。院内有水池，雨天可以蓄水。屋内天井四周的屋面为人字形的双坡。雨天，水会全部流入天井，称为“四水归堂”。

徽州古迹

浙江四川山区民居

明代浙江、四川山区的民居，只能利用山间平地、依山坡地势建造。建筑布局仍然有中轴，但是两边建筑就不一定能对称了，房屋结构和大小受地形限制。房屋通常用穿斗式木构架结构，高度一至三层不等。房顶一般是悬山式，前坡短、后坡长，出檐与两山挑出很大，歇山式屋顶较少。外墙则刷成白色。木料一般为木材本色或涂成黑色，门窗涂成浅褐色或枣红色。这些元素相互映衬，形成一座座民居单元，又构成山区一落落村庄，形成了朴素、活泼的山村人文景观。

客家民居

唐末五代以降，客家人皆聚族而居，形成了一个较为庞大的住宅群，沿五岭山脉南麓，分布在广东广西北部、福建西南一带。从建筑布局来看，客家民居有两种形式：一种是大型院落式，整体上呈前方后圆，内部以左、中、右三部分组合，形成重叠和参差造型。第二种是方形、矩形或圆形的砖楼和土楼。

古道关隘

土楼中央建堂，作为议事、典礼和公共活动的场所。其外由三间环形房屋相套，内部房间多达三百余间。外环房屋高四层，底层一般用作厨房或者杂物间，二层作储藏间，三、四层住人。其他两环房屋仅一层高。最大土楼直径可达七十多米。土楼的最外墙是用夯土建成厚度超过一米的承重墙，内部的木构架与外墙建有垂直相交的隔墙。基于安全考虑，土楼最外墙下部不开窗。土楼是堡寨式建筑，看上去坚实雄伟。

明代客家人聚族而居，遇事族内公共议决。土楼集生活、生产等多种功能于一体，坚实耐用，兼具防御能力，正有利于保障和延续客家人封闭保守、自立自卫的社会生活方式。

上述不同地理、文化地域的不同民居类型，是人们在社会生产、生活和交际中以家庭、家族为基本单位，因地制宜、随地而居、就地建造，长时间形成的具有地方特色的民居建筑群落，同时也反映出了明人居住的生活风尚。

客家土楼

层层叠叠的客家土楼，其环形的建筑结构造型设计酷似蜂窝，令人想起雄伟庄严的古罗马竞技场。

室内陈设

前文我们已经提到了天启皇帝，也就是明熹宗朱由校。他是明思宗（崇祯皇帝）朱由检的哥哥，被称为“木匠皇帝”。天启皇帝以做木工为乐，以至于到了废寝忘食的痴迷程度了。《甲申朝事小纪》说他“朝夕营造”，“每营造得意，即膳饮可忘，寒暑罔觉”。天启不仅喜欢木匠，而且工艺超群，《先拨志》称赞其为“斧斤之属，皆躬自操之。虽巧匠，不能过焉”，真可以用一句“不爱江山只做木匠”来形容了。历史常常把身为“木匠皇帝”的天启皇帝当做反面教材来警示后人，但对木匠们而言，倒不妨拿“木匠皇帝”来激励自己呢？木工是一门手艺，一门无限接近艺术的手艺，木工活的成果就是木器，其中又以家具为最。这一节我们就来说说明代的家具，也就是民居的室内陈设。

天启皇帝朱由校画像

明朝人注重室内家具陈设，热爱木工的天启皇帝朱由校尤其注重家具布置，瞧瞧他所置身在的宽敞房间，从屏风到椅子再到桌案上的花卉，一样装饰都不能少。

开门见山，不妨先梳理一下明代家具陈设的几个特点，以帮助我们对其有一个概观。

明时住宅家具种类已经非常丰富，常见的有桌、案、椅、凳、柜、箱、床、榻等几大类，每一个类项中又有不同的制式、不同的风格供不同的需要使用，如椅类有太师椅（唯一以官职命名的家具）、扶手椅、交椅、靠背椅，等等。

明式家具以硬木家具为代表。明代海路交通发达，域外的贵重木材得以输入国内。如花梨、紫檀、红木等原材料质地坚硬、纹理优美、色泽鲜亮。

当然，在具体的家具工艺上，随着工艺水平的进步，社会风气的嬗变，每个时代都有自己的特色或者说是创新之处。以硬质木材为原料，可以采用细小的构件来断面，做成更小的精密榫卯，雕饰与线脚等深加工线条利落、细致入微。明代家具继承了五代两宋髹漆家具的形式与风格，但是已经不再用髹漆，而是烫蜡。白蜡通透不影响材料本色，凸显了优质木材的色质美，从而具有天然质朴、浑厚典雅的艺术风韵。

明代木胎剔红凤穿花卉纹方几

明式家具以硬木家具为代表。在工艺上，既充分利用材料本身的色泽、纹理等特性，又能运用娴熟的技艺进行加工，达到结构与造型的统一，自然与塑造浑然一体。

明代家具在造型设计上“因材施教”，既充分利用材料本身的色泽、纹理和性能的特性，又能运用娴熟的技艺进行加工，达到结构与造型的统一，自然与塑造浑然一体。家具的框架结构力求优美，也遵循力学原则，坚固耐用也美观大方。雕饰多集中在外表和辅助性构件上，不影响主体的稳重坚固。

家具陈设细化与配套化的发展规律，是依据不同的居室搭配不同类型的家具，并以注重家具摆设和风格的细微变化为趋势，于是套装家具的装潢逐渐取代了单一家具的陈设。

苏州一带家具业发达，家具分为生活类家具与陈设类家具两大类。生活类家具拥有具体使用用途，陈设类家具就是一种摆设。家具服务还提供定制，在建造房屋时，就会根据建筑的进深、开间和预定风格、规格，在考虑家具的搭配、选材、式样和尺度等基础上进行加工。

明代住宅家具布局，追求整体的审美，而不是单纯的实用和单个的美观。家具陈设的关键是对称性、平衡性与灵活性。一般室内陈设以临窗迎门的桌案和前后檐炕作为布局的中心，配上组套的几、椅，如一几二椅或二几四椅等。柜、橱、书架等也是成对的对称摆设，用组套的形式体现对称，利用陈设物的外形、色彩等显现一定的对比，整体上趋于平衡；盆栽、书画挂件、屏风、古玩器皿等，又具有鲜明的色彩和内涵；当然了，高超的室内陈设在整体的把握与细节的变化上又可以是灵活多变的。

明代家具陈设的整体特点就是选材质地精良，制作工艺细致，造型单纯洗练，效果俊秀清雅。每件家具呈现出体型稳重、比例适度、端庄活泼且又适用大方的特点。

《水浒传》第二十一回“虔婆醉打唐牛儿，宋江怒杀阎婆惜”描写阎婆惜家的室内：

原来是一间六椽楼屋，前半间安一副春台，后半间铺着卧房，贴

里安一张三面棱花的床，两边都是栏杆，上挂着一顶红罗幔帐，侧首放个衣架，搭着手巾。这边放着个洗手盆。一张金漆桌子上，放一个锡灯台，边厢两个杌子。正面壁上，挂一幅仕女。对床排着四把一字交椅。

虽然水浒的故事发生在宋代，但是作者是明代的施耐庵，这种家居陈设是明代平常百姓家的布置。如阎婆惜家“放着个洗手盆”，一般还会有盆架，盆架在明代早已是百姓居家必备之物。其形制有高有低，低盆架是朴素型，一般无装饰，分三腿、四腿、六腿等式样，结构有整体式和可拆分折叠式两种。高盆架六腿居多，不可拆分折叠，两条后腿高出放盆的木架，顶部有横木，用来挂巾、布。《中国古代家具》一书中就介绍了几款明代黄花梨木带巾架盆架。

盆架基本相同，两根高出的立柱最上面用一横木贯通固定，横木两端雕刻成灵芝或龙头等。除了这两个高出一般的立柱，

明末黄花梨雕贡宝图六足高面盆架

还有其他四个脚，一般高一米左右，适合弯腰洗漱的高度，四个脚的顶端也会雕刻成圆珠、狮头等样式。两根高的立柱中间嵌着一块柚木牌，大多镂雕或浮雕、镶嵌各种图案。有的在放置盆架部位之上，立柱中间的木牌之下适当位置安装一块大小适宜的横板或小木盒，用来放置梳洗装扮用具。《鲁班经匠家镜》一书中提及一种有座箱的高盆架，封闭的座箱下装四只脚，座箱上可以放稳脸盆等。冬天可以在箱里放入炭盆，对座箱上盆内水起到保温作用。座箱前有一个小抽屉，里面可以放梳洗用具。直到 20 世纪 80 年代在一些乡村还能见到三角式的简易盆架。

《金瓶梅词话》第三十七回描写王六姐家的室内陈设：

> 正面纸门儿，厢的炕床，挂着四扇各样颜色绫缎剪贴的张生遇莺莺蜂花香的吊屏儿，镜架盒罐锡器家活堆满，地下插着棒儿香。上面设着一张东坡椅儿。

第五十九回描写妓女郑氏姐妹的内室：

> 进入粉头房中，但见瑶窗用素纱罩，淡月半浸；绣幕以夜明悬，伴光高灿。正面黑漆镂金床，床上帐悬绣锦，褥隐华裀。旁设提红小几，博山小篆霭沉檀；楼鼻壁上，文锦囊象窑瓶，插紫笋其中；床前设两张绣甸矮椅，旁边放对鲛绡锦帨。云母屏，模写淡浓之笔；鸳鸯榻，高阁古今之书。

三者比较，妓女姐妹的闺房富贵奢华，阎家室内除了稍微贵重的“金漆桌子”和一幅不太搭调的《仕女图》外也很一般，王六姐家的陈设就更为简单了，基本代表了典型的市井小老百姓家居风格。

明代十分流行的家具除了盆架之外，还有凳子、衣架，当然了，这些也都

明末清初黄花梨雕花衣架

黄花梨雕花衣架底座（局部）

是最基本的居家用具。

崇祯年间梅鼎祚（1549—1615）《豆香说鬼》插图中，有一长凳可供两到三人并坐，形似长几。凳面够宽，也可以用来放置器物，叫春台凳子，简称春凳。上面引用的材料中提到阎婆惜家“侧首放个衣架”，可见戏曲、小说，尤其是作品中的插图绘画是了解明代家具陈设的重要窗口。而《中国花梨家具图考》同样收录了一件凤纹雕花衣架：

此架通高168.5厘米，顶部横宽176厘米，脚部纵长47.5厘米。底座雕成下卷外翻的拱形云头状足（象鼻卷），座上以透雕卷草花纹的站牙抵夹立柱，站牙上下分别以榫槽形式与立柱和足座嵌接。衣架两足之间，安装用细木纵横攒接而成的棂格。再向上的立柱间安装横枨和由三块透雕凤纹绦环板组成的中牌子，图案雕刻整齐优美，其与立柱交接处有透雕拐子花牙承托。顶上的搭脑，两端出头，并以立体圆雕翻卷的花叶收住，里外两侧都有拐子纹花牙承托。

一个时代，最高雅的绝非是最流行的，而很多流于世俗的之于“雅”就更远了。每个时代都有一批显贵富达附庸风雅，明代也不例外。范濂在《云间据目钞》中说：“如皂快偶得居止，即整一小憩，以木板装铺，庭蓄盆鱼杂卉，内则细桌拂尘，号称‘书房’，竟不知皂快所读何书也！”这就是明代中后期开始泛滥的“皂快书房”。这类书房金碧交错，精致讲究，充溢着高雅、清静的气息，然而以此陈设猜想书房主人，就会产生一种强烈的疑问：主人到底有多少文化？

有一间书房，“里面地平上安着一张大理石黑漆缕金凉床，挂着青纱帐幔，两边彩漆描金书橱，盛的都是送礼的书帕、尺头，几席文具书籍堆满，绿纱窗下，安放一只黑漆琴桌，独独放着一张螺甸交椅。书箧内都是往来书简拜帖，并送中秋礼物账簿”。诸位看官猜想主人应该是何等人物？正是兰陵笑笑生笔下的西门庆，真是让人大跌眼镜。室内陈设往往体现了主人的文化品位，但是，许多缺乏文化品位的主人们却喜欢附庸风雅、跟风仿学，俨然大学者一般，导致文化摆设比文化内涵更流行、更强劲。

明·仇英《春庭行乐图》

金堆玉砌的家具和富丽堂皇的建筑无法改变宫门深锁的惆怅，明朝的宫娟佳丽在漫长的春日里也只能借彼此嬉戏来消磨寂寞难耐的时光。

暮云楼阁古今情

园林的建造本身就是一种审美的创造活动，利用物质环境来展现艺术形象，中国的园林艺术与传统文学、绘画关系密切。东晋简文帝游赏华林园，对随行的人说："会心处不必在远，翳然林水，便有濠濮间想。""会心"就是对意境的领略。两晋南北朝时期陶渊明、王羲之、谢灵运等，唐宋时王维、白居易、欧阳修等，元明清时倪云林、计成、石涛、张涟、李渔等，他们集诗、画、园林多方面艺术修养于一身，对园林文化的形成与发展都起到极大的推动作用。陶渊明过着"采菊东篱下，悠然见南山"的田园生活，王维经营"诗中有画，画中有诗"的辋川别业。计成所著《园冶》一书，是最早的完整的园艺理论著作，首倡"造园"理念，该书传入日本，被誉为"夺天工"。园林是居住类建筑的延伸，是在具备居住条件的基础上的一种高级文化形态。中国园林具有独特的民族性，是"可居、可游、可观、可悟"多维一体的艺术形式。

上文也提到过，明初曾规定百官地宅"不许于宅前后左右多占地，构亭馆，开池塘，以资游眺"，限制了私家园林的发展。仁宣之后，禁令渐渐松弛，造园风气初见端倪，明中期之后，建园风气盛行。江南地区地理环境优越、人文气息浓郁、经济条件雄厚，造园风气更炽。官宦富商、文人雅士、山人隐士乃至一些平民中，都有喜好园林的角色，或者耽爱殊深以致成为"园癖"。江南园林的数量无法估量，王世贞在《弇州续稿》中列举了万历年间南京的著名园林就有十六处，太仓有十五处。根据光绪年间苏州的府志记载，明代私家园林至少百处之多。嘉庆年间松江的府志记载当地有私家园林四十二处。

当时全国比较有名的园林如下：

燕都北京的私家园林有湛园、齐园、张园、漫园、定园、湜园、宜园、杨园、勺园、泌园、月张园、宣家园、梁氏园、陆舟园、曲水园、适景园、牡丹园（极乐寺）、宣城第园、相国方公园、刘茂才园、恭顺侯园等。

南京的私家园林有新园、逸园、快园、栝园、东园、西园、息园、杞园、遁园、瞻园、佚园、养种园、乌衣园、羽王园、华林园、绣春园、长卿园、茂才园、无射园、熙台园、市隐园、尔祝园、味斋园、万竹园、武氏园、同春园、凤台园、莫愁湖园、魏公南园、魏公西园、锦衣东园、徐锦衣家园、金盘李园、徐九宅园、武定侯园、吴孝廉园、陆文学园、方太学园、张保御园、李氏小园、武文学园、太复新园等。

苏州园林有遂园、傲园、熙园、留园、豫园、西园、适园、芝园、拙政园、绿水园、归田园、适适园、孙家园、季甲园、赐金园、后乐园等。

扬州有影园等。

常州园林有陶园、梅园、寄畅园等。

太仓有东园、菽园、熙园、弇山园等。

其中苏州汇集了江南园林艺术的精华，代表了中国园林的风格和水平。苏州园林极善于巧妙的变幻和组织空间，使之静雅。布局上惯用衬景、对景、借景、隔景等手法，以小见大，虚实得宜，以少见多，移步换景，相互衬映。色彩上以粉墙、黛瓦、栗柱为代表。内部配以庄重古朴、简练流畅的红木家具和名家作品，加以各类摆件、盆景。所以民间流传着“江南园林甲天下，苏州园林甲江南”的俗语。拙政园又是苏州古园林建筑的代表。苏州的拙政园、留园与北京颐和园、承德避暑山庄并称为我国四大名园。拙政园是明代大臣王献臣（王献臣，字敬止，号槐雨，苏州人。少时便有过人才华，明孝宗弘治六年被举荐入京应试，登癸丑科毛登榜进士第。累升为巡察御史。为人爽朗、峻洁，曾遭东厂打击辞退。于明武宗正德四年开始营造园林，明世宗嘉靖九年建成拙政园）的私人园林，后被王献臣儿子赌博输掉，屡易其主，这个过程中被不断修缮。清代先后作为驱防将军府、太平天国李秀成忠王府、李鸿章江苏巡抚署。

园林与豪宅有所不同，豪宅主人要展现的是富达，而园林主人一般要体验的是优雅，更有甚者将城市园林变成了“城市隐园”。王世贞的《游金陵诸园记》

寄畅园
明代园林建筑的典范。

中写到一座“市隐园”：

从北门到茅亭，向南行向左转，有一座小山，山周围种着竹子。小山前面有一大池，纵横可达七八亩。右有一平桥，过桥即见平屋五楹，叫做中林堂。在池前建有亭、台、桥、馆。堂后一轩，枕池而建，称为鹅群阁。每逢下雨，坐在阁中，可听雨声琅琅，望见池水波尽为鳞蹙。放眼望去，那座小山被黑云笼罩，如同泼墨画意。

古语说“小隐在山林，大隐于市朝”。所谓“市隐”，就是指在城市里面过着隐居生活的士绅。他们大多数是有功名的人，或有着较厚的家财，但是对社会、官场心生厌恶，想远离所谓的“事非”。就像上文讲的明代大臣王献臣，曾在朝中担任御史，后来隐退苏州，费时二十年修建了拙政园。

这种以优美园林为居所的“豪华版”隐居也许会受到质疑，我们一直所推崇的“潦倒版”隐居，要么是“飘然入山林”，要么是“当垆卖酒”，也有可能是流浪在街头，起码没有这么阔绰。江南大多数“市隐”者们的生活条件都很优越，特别是一些曾经有权有势的人。他们在喧嚣之后，追求城市的宁静，严格来讲，并不是一种隐者风范。然而，他们这种乐乎山水之间的生活，对园林文化的发展起到了很大的推动作用，造成私家园林的兴盛。

《醉古堂剑扫》为我们描述了这种私家园林的内部景致：

门内有径，径欲曲。径转有屏，屏欲小；屏进有阶，阶欲平；阶畔有花，花欲鲜；花外有墙；墙欲低；墙内有松，松欲古；松底有石，石欲怪；石面有亭，亭欲朴；亭后有竹，竹欲疏；竹尽有室，室欲幽；室旁有路，路欲分；路合有桥，桥欲危；桥边有树，树欲高；树阴有草，草欲青；草上有渠，渠欲细；渠引有泉，泉欲瀑；泉去有山，山欲深；

明·唐寅《明皇行乐图》
画家以工整细腻的写实手法对明代宫廷的楼台殿阁、宫室器物、人物衣饰作了精细描摹，可以一窥当时皇家的园林生活。

山下有屋，屋欲方；屋角有圃；圃欲宽；圃中有鹤；鹤欲舞；鹤报有客，客欲不俗；客至有酒，酒欲不却；酒行有醉，醉欲不归。

明代小说故事“莽书生强图鸳侣”中也有过对私家花园的记录：

在那宅后小街里，见一带黄砂石墙，一座小门楼上，有一个匾额，写着“息机”二字。两扇园门，半开半掩。来元知是人家花园，挨申进去一看，正当三月下旬，绿荫乍浓，梅子累累，垂杨上流莺宛转，石栏边牡丹盛开。

这种把居住的宅院和观赏的花园结合在一起，加上更多的元素形成的私家园林，不仅可居、可观，而且可游、可悟。

陈继儒在《岩栖幽事》中说得更直白：

不能卜居名山，即于岗阜回复及林水幽翳处辟地数亩，筑室数楹，插槿作篱，编茅为亭，以一亩荫竹树，一亩栽花果，二亩种瓜菜，四壁清旷，空诸所有，畜山童灌园剃草，置二三胡床着林下，挟书砚以伴孤寂，携琴弈以迟良友，凌晨杖策，抵暮言旋。此亦可以娱老矣。

在不愿意退隐山林的情况下，在城市建造一座“山林”，以此感受一番莺啼绿映，蜓立荷角，清风桂香，枯梅凌寒，杖藜过桥……

在追求园林构造日趋化境的同时，终老在自己的园林世界里，即便不是一种“隐”，也是一种“禅”了。

车马骈阗

车旅羁泊，踏破铁鞋无觅处。

俗话说“在家千日好，出门一时难”，安土重迁的乡土文化具有浓厚的中国特色。张纯明认为：“不要把秦汉以来的所谓统一看得太认真。”从秦汉到晚清，中国的社会生产方式一直没有完全超脱“家庭式”的模式，传统王朝的行政管理又通过什伍连坐、编户齐名、保甲等制度限制了城乡人民的自由流动。我国地域广袤，虽然自古形成了以驿道为主干的交通网络，但远远没有达到交通快捷的程度。加之交通运输工具原始，出门在外艰辛，人们饱尝“行路难”的人生苦楚，那时徒步行走是最原始也是最重要的交通方式。南方的主要交通工具是船只、轿子；中原地区的人一般多乘坐轿子、骡车、马、驴等；边疆游牧地区则以骑马、骑骆驼为主要出行方式；西南地区因受高山峻岭的阻隔限制，行旅以徒步为主。

这也无怪乎，中国人向来看重家庭、家族和家乡了。家乡观念浓厚，对血亲关系的重视既受地理环境和经济条件的制约，也是社会文化浸淫的结果。叔孙通说儒者“难与进取，可与守成”，儒家提倡安分守己，一定程度上也影响了人们的行旅观念。道家提倡无为，则视老子之名言“鸡犬之声相闻，民至老死不相往来”为经典——一户人家待在一个地方，到死都不知道邻居是什么情况，更不要说去远游了。可见，对于离乡羁旅，儒家反对，道教嘲讽，教化思想无形中捆住了中国人的双脚。中国历史上也没有哪一位皇帝像明太祖这样，一定要人民牢牢地定在土地上。明初人口控制相当严格，人民不能自由流动，各官府、路卡如果查获没有携带路引的过路人，就会被送官究罪。谈迁在《国榷》里记载了洪武五年有人因为祖母病重，心急之下就跑出去寻医，忘记了带路引，被巡检司检查到论罪，最后因为是孝行而得到宽宥的事件。

武宗正德开始，随着都市化进程的进一步加快，经济社会与人们的日常生活发生了重大的变化，已经看到阳光的人民再也不愿回到黑暗的山洞。嘉靖以后，大量的读书人陆陆续续地离开故土，走上了远游的旅途。而伴随市镇经济的发展，大量的经商士人也不约而同地走上了背井离乡的道路。自此出现了众多商帮，最典型的诸如徽州商帮、宁波商帮、山西商帮、陕西商帮、广东商帮、福建商帮、江西商帮、山东商帮、河南商帮、浙江商帮和江苏商帮。于是相应地出现了《一统路程图记》《士商类要》等专门记载路程地图的行旅指南。

耐人寻味的是，明朝开国一百年，大约在明宪宗成化年间，经济社会、思想文化等方面出现的一系列变化，似乎预示着原始森林带出的“木文化”和黄土高原孕育的“土文化”经过几千年的发展，已经熟透了，我们已经走到了近代化的门口，但却一直徘徊，终又没有真正走入近代的大门。而后，古老的中华大地却被满洲部族政权推向了封建社会“回光返照”的“镀金盛世”。

明·佚名《出警图》（局部）

此图描绘的是明朝皇帝骑马由陆路出京祭扫的盛况，皇帝的仪仗极为豪华，反映出明朝交通的盛世气象。

明朝的轿子

在马六甲郑和文物馆内，藏有一座精致的明式轿子。郑和七次下西洋，就有五次过访了马六甲，将明朝的文化一同带进了马来半岛。

运交华盖难奢求

西班牙人拉达在福建、广东一带游历，记下了明人乘轿的情形：

> 他们的大人物外出时，哪怕只有访问城里的亲友，也要坐有盖的轿子，像棺材那样给抬着走。其他人或骑马或步行。太阳最烈的时候，每人都带自己的伞和绳撢，不管他多穷多贱。如老百姓因病或疲累要坐轿，那就坐矮小的竹轿，因为只有军官和官员才能乘坐有盖的大轿，地位越高，轿子就越华丽。

外国人来到中国，对我们熟视无睹的东西有很强的好奇心，留下的记录是后人研究的重要资料。从上段叙述中，不难看出，身份不同，出行所用的交通工具也不同。这一套出行制度叫做“舆盖等级”。

所谓“舆”，就是指车、轿等出行工具；所谓“盖”，就是伞。舆、盖合在一起既实指车、轿与伞盖，也代指出行所用的所有交通工具和仪仗。“初唐四杰”杨炯有诗云：“方圆作其舆盖，日月为其扃牖。”明代姚士粦在《见只编》中写有一段描述：“此后自开府两侍御，皆陈兵出入，舆盖前后，兵仗铮铮，照耀人目。”与舆盖相近的词是舆轸，也与车、轿相关。《文选》有载：“遂服舆轸，驱驰三世。”唐代李周翰注释为：“舆轸，车也，谓乘舆也。”

车、轿作为交通工具，在传统社会中，同时也是非常重要的仪仗规格。伞盖不仅仅用来遮阳避雨，还是身份与等级的象征。经过明太祖和成祖两代人的努力，逐渐制定和形成了一套基于封建礼制的舆盖等级制，其中对帝后、嫔妃、王公大臣的出行、仪仗都作了详细的规定。明代车、马、轿、船等已经被广泛运用到生产、生活中，但和衣、食、住一样，即使是富可敌国、权倾天下，从制度上讲也不能随意更改交通工具的形制，违者视为僭越。

轿子与辂辇是皇家的常用交通工具，与之相配套的还有卤簿仪仗。皇帝专

明·佚名《入跸图》（局部）
《入跸图》与《出警图》合称“出警入跸图”，此图反映的是皇帝祭扫归来由水路回京的盛况，明朝的交通方式多样、水路陆路四通八达，由画作可见一斑。

用的“大驾卤簿”包括大凉步辇，步辇，大马辇，小马辇，玉辂，大辂，板轿各一辆。鉴于大驾卤簿纷杂隆重，所以也仅仅是在大朝会时陈设阶下，做一严肃、隆重的摆设。皇帝的坐轿，轿顶饰以红漆，所以又称“红板轿”。事实上，皇帝在宫内走动、参加郊祀仪式或去周边巡幸，使用最多的是步辇。

据《明史》记载，皇太子乘坐金辂，幕帐豪华壮观；太子妃乘坐凤轿或者小轿，形制与皇妃相同；亲王乘坐象辂，比起皇太子的金辂略小；亲王妃与太子妃车驾规格相同，都可以乘坐凤轿、小轿，其实也就和皇妃一样了。公主车轿，明初沿用宋代的厌翟车，后来改为凤轿。皇长孙车轿规格与亲王相同。郡王要比亲王低一等，只有帐房，无辂。郡王妃和郡主乘坐与凤轿形制相同的翟轿，区别就在于凤轿有凤凰装饰，而翟车没有。其他王公贵戚的车驾仪仗制度也有明确的规定，在日常生活中都应该严格遵守，不能违制。相比起来，贵族比平民享有较多的特权和优待。

中央到地方的各级文武官员可以骑马、坐车、乘轿。在太祖、成祖时期，大臣都是骑马，南北二京各衙门外的上马台都是明证，可见骑马的普遍。有人对“文武官员至此下马”的石碑不是很理解，为什么文官也要下马，文官不都是坐轿子吗？其实不尽然。官员所乘轿子的用料、款式、大小、装饰和轿夫数量也都有明确规定。据了解，官员乘轿是在宣德年间出现的新现象，到了成化年间不断普及，使得朝廷不得不做出规定进行约束。此时，也只有三品以上的在京文官才可以乘坐轿子，四品以下的官员继续骑马。另外，年纪大的侯爷们和朝廷三公由皇帝赐轿。那些得宠的太监头子们也被默许乘坐。由此也可以看出，在当时，坐轿子要比骑马规格略高一等。也正因如此，所以就有了越来越多的人擅自乘坐。

明英宗在土木堡之变中被瓦剌俘虏，他的弟弟郕王即位，改元景泰，就是明景帝。景帝在位只有短短八年，但采取了比较积极的治国政策，重申了在京文官三品以上才准许乘坐轿子，其余在京、在外各级官员都不得违制。后来乘轿制度不断放松，弘治年间规定，官员依照规定和奉特旨准许乘轿的，也只能坐四人大轿，不能超标。这说明，此时朝廷限制的是轿夫人数多少的问题，而不是能不能乘坐轿子的问题了。

在轿子放开之前，车驾使用频率很高。明代一品至三品官员的车驾使用金猸、银螭、绣带、青幔；四品至五品准用素狮头、绣带、青幔；六品至九品准用素云头、素带青幔。很显然，除了皇家车驾之外，其他一律不得用龙、凤之类雕饰。百官车驾上漆也只能用杂色，不能用黄漆、红漆和其他纯色。

其实车驾和轿子有着很深的历史渊源。《周礼》中就有关于安车的记载，因为是由马拉着一个车厢，人可以安坐在里面，所以叫“安车”。尊贵的人物也可以乘坐用四匹马拉的安车。比安车更早的车是由人站在车里面驾驭的，这种车驾既可用作交通工具又可作为战车使用。古代妇女出行，有条件的可以坐安车，后来逐渐演变为舆轿。而男子或骑马或站在车厢里，上身露出在外负责驾驶。到了汉魏时期，出现了一种叫“载舆”的代步工具，据说来自于陶渊明创制的“篮舆”，陶渊明一度患上足疾，不能行走也不能站立，所以就用这种可以坐在里面或者半躺着的工具。

到了唐代，三省的高级官员年老退休或走路有困难的，被允许乘坐“檐子”。檐子是一种上面有盖，四周不完全围住，用竿子抬的乘坐工具。唐代刘肃在《大唐新语》里介绍道：“只坐檐子，过于轻率，深失礼容。”这说明檐子刚出现的时候被认为样式过于“轻率”。以上的演变，都可以说是明代轿子的前身。除了上述的规定，有明一代，对车舆行止以及仪仗规制的限定与申禁是非常多的，作为国家政治生活中的必要部分，其目的在于维持社会的等级差异和家国礼制。

鲁迅的《自嘲》中有“运交华盖欲何求，未敢翻身已碰头”的名言。“华盖”是指贵族的伞盖仪仗，是一种高级别的舆盖规格，不是人人都有资格享用的。平民百姓用的凉伞、雨伞是最低级的，没有任何修饰，伞顶用青布裹面。事实上，农民基本上是头戴斗笠、阳帽，身披蓑衣。而明代官员使用的“华盖”就很复杂。

就拿凉伞来说，官员一律不允许用朱砂红，二品以上官员以银浮图为顶，四品以上用红浮图为顶、里面是墨色罗衣，五品官员凉伞也用红浮图顶，但是里面是红绢布，六品至九品也是红浮图顶，外面是青绢。雨伞的分类简单一些，五品以上官员用红绢伞，六品以下则用红油纸伞。只有四品以上的官员，出行时才可以用褐盖。状元是个特例，即便品级不到也可以张褐盖。所以，在路上看到四品以下官员出行大张褐盖，就说明这个官员是状元出身。至于其他未到四品的官员只能打青伞。

上文已经提到，明初官员不但骑马，而且还与普通百姓一样骑驴、骑骡。太祖时，官员经常骑驴到友人家拜访。到了嘉靖年间，还有进士蒋丕扬骑驴。如果说这是一种低调和崇尚自然之风气，那么万历以后的舆盖制度则是僭越与奢华的象征，官员和富人们纷纷放弃骡子、驴和马，乘轿成为一种身份和财富的体现。谁在大街上骑马反会被人投以异样的目光。可见不少明代古装剧中出

明 · 张路《骑驴图》
明代画家张路擅画人物图。此图笔法简逸，但生动描绘出一老者骑驴而行，悠然自得，任驴子快步嘶叫而依旧稳坐如山，非常耐人寻味。

现富家小姐骑着马在街上狂奔，那是断然不符合史实的。风气所及，举人以下低级士绅也纷纷乘轿张盖，连家境富裕的秀才也敢穿锦袍坐轿子。更有喜好场面的，轿队随从几十人，全都穿清一色的青布衣，一派掌门出巡的架势。这也说明，明初推行的舆盖制度有很长一段时间没有得到有效落实了。也无怪乎，时人惊呼舆盖制度已经形同虚设。

平头百姓所用的交通工具是不加修饰的，富人不甘穷酸，好用贵重材料进行装饰，只有那些手握国家重器的官员和皇族亲贵才能享用具有制度标签的舆盖。这一套仪制，某种程度上说是制定初衷的一厢情愿，随着社会经济的发展、财富的积累和不断被冲击的国家权力的衰落，最后跟随旧王朝一起被埋葬。

明·佚名《入跸图》（局部）

车马行船与轿子

说到明代交通，秦岭淮河以北，特别是到了黄河以北，河流稀少，地势平坦，适合马车运输。马、骡、驴在北方通称为“头口”，“头口钱”就是指雇用马、骡、驴的费用。中原地区以骑马、驴、骡车为主，轿子也常用。北方游牧民族骑马、骑骆驼。南方以小车、轿子和乘船为主。西南边陲地区，由于高山险阻或者溪涧纵横，交通以徒步为主，也有诸如骑象、乘皮筏竹筏的情况。这说明不同的经济社会和地理条件，会促生不同的交通方式，同时各种交通方式的出现还会受到国家制度、伦理观念、生活禁忌、风俗迷信等因素的影响。明代发达地区的交通运输已经是一种商业化的运作，交通工具租赁行业也很发达了，车马是脚行经纪，并由脚头管理；水运则是船行经纪，由埠头管理。还出现了驴、骡租赁行。人们外出，走累了可以在码头或者经纪行雇用牲口。

明初骑马较多，同时还要配一副合适的马鞍。低级官吏和普通百姓基本上是骑牛、骑驴或者骑骡子。因为骑马成本很大，不是人人都能负担得起的。据了解，一头牛的总价值相当于一个一般劳动能力农民半年的收入，一匹普通马的价值约为一头牛的十倍。明代《村落嫁娶图》中，江北的新媳妇骑着牛到夫家去，画中的“村妓”则是骑驴。此图说明当时农村骑乘家畜的情况，也可反映出在老百姓的心中，牛的形象要比驴好。驴、骡耐劳，而且身体强健不易生病，所以经常用来运输货物。“唐宋八大家”之一的柳宗元在《黔之驴》中描写了一个外强中干的技穷之驴，而现代寓言《以驴子为榜样》则讲了一只落井老驴巧妙脱困的故事。

北方车辆种类很多，载重最大的要算四轮马车，最高负重可达五六千斤。还有两轮马车。除了马车，还有牛车，驴拉的独辕车以及轿车。所谓的小车、轿车，都是古代词汇，不是现代用语。小车是指外形较小的独轮车、板车等，而轿车形象地说，就是把类似轿的车厢与马车结合在一起。南方也用到车子，限于地理环境，在种类和规模上来说要少和小很多。南方交通，船则是主力。有诗词

明·夏芷《归去来兮辞图》（之七）
在明朝，南方人以船为主要交通工具。船只的种类和用途非常丰富，图中的小船形似仙船，供游人玩乐。

为证：韦应物路过《滁州西涧》，正逢“春潮带雨晚来急，野渡无人舟自横”；柳宗元江边看雪，巧遇“孤舟蓑笠翁，独钓寒江雪”；张继《枫桥夜泊》，听到“姑苏城外寒山寺，夜半钟声到客船”；杜甫倚窗远眺，感叹“窗含西岭千秋雪，门泊东吴万里船”；李白行路艰难，但却信心满满，“乘风破浪会有时，直挂云帆济沧海”。

船也称舟，“舟，周流也”，“船，循也。循水而行”。顾名思义，水中行驶的交通工具，就叫船或舟了。当然了，不同地域、不同风俗，语言习惯也不一样。不管是叫船，还是称之为舟，基本上都为同一种类。大型船只为艘，有上下两层船板叫舰。根据用途、大小、装饰，又分为：座船、站船、游山船、酒船、夜航船、仙船、航船、浪船、楼船、湖船、长路船等。下面不妨选择几种做一个简单介绍。

站船：一般是官府使用的船。

游山船：江南市镇之间常常用来运酒，下面装货物，上面坐客人，也可以供游玩使用，根据席位数量可以分为两只、四只、六只、八只。

酒船：嘉兴一带香船的一种，常常用来游湖。酒船建有内舱和活动式的窗门，舱内可以举办小型酒席。人们进香还愿也会乘坐此船。

夜航船：欧阳修有一首《夜行船》：“忆昔西都欢纵。自别后、有谁能共。

伊川山水洛川花，细寻思、旧游如梦。今日相逢情愈重。愁闻唱、画楼钟动。白发天涯逢此景，倒金尊、殢谁相送。”夜间行驶的航船，定期往来于城镇、码头之间，装货也载客，起到了埠船的作用。

仙船：舟身扁而浅，转载量小，只能供游客游玩，形制与站船相似。

航船：船尾的构造上比船头高，也有的航船有木盖或用竹篾或苇子编织的篷，一般用来转载货物，不载客，流行于吴越两地的城镇。

湖船：宋代词人张孝祥在《西江月·题溧阳三塔寺》中就有“东风吹我过湖船，杨柳丝丝拂面”的句子。杭州西湖早在宋代就出现了闻名遐迩的湖船，“水月楼”“烟水浮居”“湖山浪迹”等都名噪一时。大的湖船可容纳五十人左右，小的可容纳三十人不等。明代的湖船装饰华丽，“槛牖敞豁，便以倚眺”，西湖上的楼船则更加富丽堂皇。此外，还有广东的各种舫船，福建一带的福船，长江口的崇明沙船，等等。

事实上江南各地区的行船水平也是参差不齐，其中苏北地区相对落后，白天行驶运送商旅客人与货物，夜航船就要少很多；苏南相对繁华，航船昼夜不息。明代史料中经常提到的夜航船是江南来往于城市与镇埠之间的定期船班，船上众人群坐，欢语纷纷。善言者在船上高谈阔论，内敛安静者在一旁静听。好酒者把酒言欢。旅途百态，就像水上流动的茶馆酒楼，夜航船由此成了重要的信息交流场所。这也构成了行旅文化的重要内容。

明末陶琬[①]在《游学日记》中记录了他在绍、杭、嘉、松一带游学的经历，其文片段如下：

> （绍兴）夜船从其宅前行，遂跨船，客甚稀。
>
> 初十日，午间渡钱塘……入长安坝船。

①陶琬（？—1645），字稚圭，号别峰，江苏昆山人。崇祯年间诸生，明朝灭亡之后一年，即1645年殉节而死，著作有《仁节遗稿》等。

十一日，早入嘉兴船，黄昏始至，投饭店。

十二日，入青浦船。练湖泊三白荡，张帆径渡。抵暮至朱家角。以舟中客吝其钱，遂不肯行。宿舟中，蚊多，不成寐。

下面，说一说明代的轿子。轿子又称肩舆、腰舆、版舆、兜子等。史书上谴责夏桀驾驭由人拉动的车子，说明人力推动的交通工具在那时是不被认可的。但是随着社会的变化，轿子开始盛行，轿夫也成了一个维持千万人生计的行当，当时的人工价钱低廉。如《江湖奇闻杜骗新书》中所记：“城西驿上至建溪陆路一百二十里，常轿价只一钱六分；或路少行客。则下减一钱四分或一钱二分．亦抬。”轿子的演变与古代的车关系密切，前文也提到，汉代有“安车”，也有“立车”。安车，可以坐，即步辇，为明代四轿、八轿的滥觞。有观点认为轿子在南宋就比较成熟了，而为人们所熟悉的晚清轿子却继承了明代样式的衣钵。

明初骑马、乘车是官员的主要交通工具，骑驴、牛之类的就显得有些“不

明·佚名《明宣宗宫中行乐图》（局部）
此图描绘的是明宣宗朱瞻基身着便服檐帽、乘坐轿撵在御园观赏各种体育竞技表演的场景。他乘坐的轿子，是当时逐渐兴盛起来的交通工具。

拘一格”了。仁宗和宣宗时期，轿子作为乘坐工具在世面上开始盛行，宪宗成化年间规定文臣三品以上准乘轿，武官禁止乘轿。而在武宗正德年间之后，各级文官皆可乘轿，武官也开始乘轿。相比较乘车而言，乘轿就要严格得多了，无论轿子的装饰雕刻、使用轿夫的人数，还是出行规模，都有着详细的规定。

一种交通工具一旦开始普及，流行起来，就会被不断改进、翻新。正德年间通用的轿子没有帷幔，到了后来全用帷轿，帷幔华丽富贵，仪仗侍从整齐奕奕，这便有了现代电视场景中见到的气派轿队。刚开始时，官员乘轿外出，遇到各衙门中上级官员要么就下轿礼让，要么就会主动避开。到了后来，轿队相遇，浩浩荡荡，也不好礼让了，只能各走各的。

轿子主要有官轿（又分凉轿、暖轿、帷轿）、卧（眠）轿、女轿等。明代轿子要数杭州出产的最为精细，而福建所产轿子的样式由于有了宋代遗风，同样颇有名气。克鲁士就曾在广州亲睹过官轿和女轿的风采：

> 他们也有官员坐的轿子，由人抬着穿过城镇。轿子极为华丽，价钱很贵而且悦目。另有一种大轿，高贵美观，四面密封，每面有一扇小窗，上面用象牙或用骨、木制成漂亮的窗格，坐在里头的人可以向街的这边或那边窥视，而不让人看见。这是用来抬城里妇女外出之用。座位和我们的椅子一般高。坐时可把腿伸直。

其中凉轿与暖轿最常见。简单来说没有帷子的是凉轿，也称显轿、亮轿。民间更简单的凉轿，如靠椅两边扎上长竹竿，俗称山轿，因为走山路经常用到。凉轿简单，也是因人而异的，达官贵人出行，不仅凉轿本身考究，还配上华盖罗伞。上了帷幔的是暖轿，也叫暗轿。暖轿要复杂一些，明代暖轿的顶式略呈四面坡形，四角不上翘，轿顶用宝瓶装饰。平民百姓，特别是家境并不富裕的，一般很少与轿子这种交通工具有联系，除了去做轿夫。很多女子一辈子也只坐过一次轿，那就是上花轿。所以，民间结婚时上花轿就成了非常热闹和重要的环节。

郑和宝船，铅笔画（船首与船尾复原图）

人在旅途

衣食住行的“行”，有出行、流动的意思。古人的出行方式多种多样。最壮观的要数巡游，这里专指皇帝出行巡视，当然也有游玩的成分。与其相近的词是“宸游”，“宸”被认为是北极星所在，属于皇帝专用字。这类出行车马随从浩浩荡荡、接天连日。孔子周游列国是妇孺皆知的历史常识，春秋战国时期游历风气极盛，士人周游的目的主要是游说各诸侯国君接受自己的主张，说得俗气一点是借此实现自己的富贵荣华，往高尚了说是为了实现个人的理想信念。那个时候的文人武士都有“跨国”背景，比如说墨子，就主要活动在楚、宋、齐、卫四国。据说孟子出行的排场极其盛大，放到今天来讲，起码是上百辆宝马云从的规模。“云游”也算是普及度较高的词汇，专指僧侣、道士求法、布道但又行迹不定的一类出游。较言之，“宦游”就不广为人知了。唐代诗人王勃的《送杜少府之任蜀州》的颔联有云：“与君离别意，同是宦游人”，这里的宦游是指为了求官或官员升迁等目的奔波在外。宦游之前先是游学，明代大儒宋濂在《送东阳马生序》里面说：“既加冠，益慕圣贤之道，又患无硕师名人与游，尝趋百里外，从乡之先达执经叩问。”他离开家乡就是为了追求知识，并且能结交名师好友。游学的时候，年轻小伙子虽然“负箧曳屣，行深山巨谷中”，却会偶遇众多趣事，写众多情诗、游记。而游幕，尤其是给官员做幕宾、幕友更多的则是出于生计的考虑。喜欢读金庸小说的客官一定很能体会“千古人文侠客梦”这句话的文化内涵，李白在《侠客行》中就说：“十步杀一人，千里不留行。事了拂衣去，深藏身与名。”看得出文人内心深处多少还藏有一个军旅梦。李贺的《南院十三首》有言：“男儿何不带吴钩，收取关山五十州。”这里的吴钩有点类似圆月弯刀。既然文人这么有侠气，那就得靠出游去舒展了，于是“壮游”就应运而生了。壮游自古就有，杜甫的《壮游诗》可以为证。杜甫曾在苏州备船，准备东游到日本，他自传性的《壮游诗》写道：“东下姑苏台，已具浮海航。到今有遗恨，不得穷扶桑。”据说，司马迁也是在壮游之后“铸就”了《史记》。

明·唐寅《山路松声图》（局部）
明朝时旅游文化兴盛。文人墨客更是乐此不疲，他们常常拖着破烂的鞋子、背着简单的行囊穿行在狭窄山路中，虽清贫却能自得其乐。

以上提到的出行都是能说出个道道、富有文化意味的“游”，还有一些生活的出行就说不得那么文绉绉，如“走西口、闯关东”，那只是为了谋生计、求生存。试想商人运贩行商不为生财又当作甚？平民百姓外出，或进香或游山玩水，不然就是走亲串门。而诸多的“游”都需要一些歇息安顿的场所，以解除旅途劳乏，于是，驿馆、铺舍和客店应运而生。

明初南京的旅店业还未成形。宋濂客居南京时，所住的旅店服务较差，房间里面就一张床，日常用品还需自备，但是价格并不便宜。随着经济的恢复与发展，各行各业也在持续发展。前文提到的张岱喜欢旅游，为我们记录下了山东泰安州客店的情况：

> 客店至泰安州，不复敢以客店目之。余进香泰山，未至店里许，见驴马槽房二三十间；再近，有戏子寓二十余处；再近，则密户曲房，皆妓女妖冶其中。余谓是一州之事，不知其为一店之事也。投店者，

驿站房檐装饰，多有祝福之意

先至一厅事，上簿挂号，人纳店例银三钱八分，又人纳税山银一钱八分。店房三等：下客夜素早亦素，午在山上用素酒果核劳之，谓之“接顶”。夜至店，设席贺，谓烧香后求官得官，求子得子，求利得利，故曰贺也。贺亦三等：上者专席，糖饼、五果、十肴、果核、演戏；次者二人一席，亦糖饼，亦肴核，亦演戏；下者三四人一席，亦糖饼、骨核，不演戏，用弹唱。计其店中，演戏者二十余处，弹唱者不胜计。庖厨炊灶亦二十余所，奔走服役者一二百人。下山后，荤酒狎妓惟所欲，此皆一日事也。若上山落山，客日日至，而新旧客房不相袭，荤素庖厨不相混，迎送厮役不相兼，是则不可测识之矣。泰安一州与此店比者五六所，又更奇。

清·顾尊焘《海瑞像》（局部）

要投店的客人，先得到客厅（类似今天的大厅服务台）登记，每人交店例银三钱八分、山银一钱八分。房间有三种级别：下等房间相对简陋，三餐也简单，午饭在山上有专门搭配款待客人用的坚果、素酒，故称为“接顶”。山东泰安州有泰山东岳庙，每年香客不断，所以当地旅店业繁荣。客店附近都配备槽房供栓歇驴、骡、马等牲畜；戏子、妓女都有专门的寓所，演戏的场所众多，弹唱的人同样络绎不绝。此外还有大量的厨房和服务人员。

海瑞[①]在浙江淳安做知县时，曾出过一帖告示，禁止店屋之家住歇娼妇，违者将拆毁其屋，娼妇递解，这也从侧面说明了经济发达后，商业、旅游业等不断发展，带来了社会人员的频繁流动，刺激了旅店业的发展。这与近些年很多“家

① 海瑞（1514—1587），字汝贤，号刚峰，海南琼山人。海瑞一生经历了正德、嘉靖、隆庆、万历四朝，历任州判官、户部主事、兵部主事、尚宝丞、两京左右通政、右佥都御史等职，被后世誉为明朝清官。

庭式”旅馆的兴起是一样的道理。

很多城镇也都开设有针对普通百姓的“骡马大店”。这种客店面向大众，价格便宜，服务周到，当然了，条件自然就简陋些，少了声色犬马、灯红酒绿的“点缀”。

在明代小说中经常可以看到旅人打尖投宿的情形。明末小说《明珠缘》中，进忠来到蓟州城，打听到了一家侯姓“侯少野行”，应该是当地性价比较高的旅店。进忠才到店门口，屋内就有老翁和小童出来迎接，帮忙安顿行李。与豪华酒店相比，别有一番江湖爽快和农家的淳朴温暖。不过，这类“骡马大店”还不是最廉价的旅店。唐代诗人温庭筠的《商山早行》中所提“鸡声茅店月，人迹板桥霜”的“草篱茅店”，在明代依然可觅踪迹，社会底层人们，无论是居家还是出行依旧是如此简朴到寒酸的程度。

古盂城驿

位于江苏省高邮市的古盂城驿始建于明朝洪武八年（1375 年），是全国规模最大、保存最完好的古代驿站。古盂城驿曾有三大功能：一是接待过往官员；二是传送文件；三是羁押犯人。

走不完的路程，说不尽的故事

悬灯待月，邮亭远映胥江

明代姑苏（苏州）驿站是京杭大运河航道上的水陆驿——横塘，原本的馆、楼、榭、台，如今只剩下一个亭子了。亭子两侧石柱上刻有一副对联："客到烹茶旅客权当东道，悬灯待月邮亭远映胥江。"由此可见，明代驿站是商旅辐辏的热闹之地。本节我们就说一说明代的驿递。

分布在全国的水陆驿道是明代交通网络的主干，城市街道和内河航运是其不可或缺的延伸，而蜿蜒曲折的乡村道路则为末端。水陆驿道沟通了南北两京到全国十三个布政司（省）和边境重镇，城市街道、内河航道和乡村道路联系着各区域。古时，凡是与驿站、运递相关的事务，统称为"驿政"。驿政的管理从来都是政府行为，在朝廷由兵部的车驾司负责，在地方有管理驿递的驿传道。其中浙江、山西、陕西、福建、广西、贵州等布政司（省）的驿政工作由专门清理卫所军伍的清军道负责。此外，还在京师设立会同馆，负责接待各地藩王的公差、边疆少数民族觐见团和外国使节等。全国水陆驿道干线的交汇点和重要城镇设置水马驿，六十里为一驿。陆路上的驿站总称马驿（步递叫邮，马递称驿），水路上的叫水驿。驿站的工作主要包括军情快递、物质输送和人员接待。较大水陆码头和重要的枢纽又分设了递运所，顾名思义，递运所的工作以运输物资、贡物为主。递运所的覆盖率不及水马驿。在没有递运所的区域，水马驿承担了递运所的职能。各州县衙门还设置了急递铺，专职传送朝廷公文。明中期以后，急递铺逐渐废弃，邮传任务并入驿站。可以说，水马驿、递运所、急递铺构成了明代的驿递系统。明中叶以后，驿递系统内部腐败，日渐废弛，已经起不到应有的作用了。

以浙江金华府的急递铺为例，可以看出明代地方交通的发达。

总铺设在府前，下分东、南、西、北、西南五路。东路：经砖窑、念里、舍香、棠梨，到达义务（即"义乌"）的航慈铺。南路：经广墩、周村、坊前、篆岭，到达武义的茭道铺。西路：经溪陂、新塘，到达兰溪的板桥铺。西南：经马海，到达汤溪的山回铺。北路：经二仙、上目、拱坦、抱溪、太阳，到达浦江县的岭脚铺。而下面的各县，也是以县前的总铺为起点，向四方辐射。如兰溪县，总铺在县前，下分东西北三条分道。东路：经赶山、板桥，到达金华的新塘铺。西路：经马鞍、大有，到达汤溪的泽头铺。北路：经下金、女埠、赤塘、双塘，到达建德的三河铺。

这些站和所都设有专门的官吏、士卒，也配备了驿马、驿船等交通工具。在日常物质供给、服役制度和调动程序等方面，朝廷也做了明文规定。特别是

明朝弘治十四年的驿符

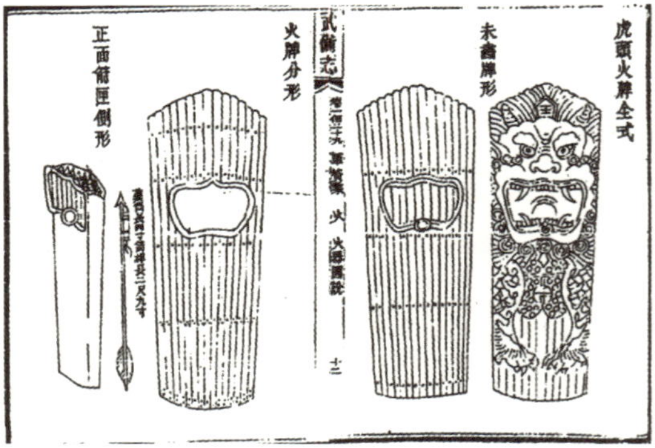

明朝时期的虎头火牌

征调驿所人员和物质上，需要朝廷分布的符验（后来改为“勘合”①）或者兵部发出的火牌（一种文书凭证）。

随着明朝的建立和政权的扩张，驿道也不断延伸。如洪武十七年（1384），明太祖进军西南，开辟了贵州、四川、云南的驿道。永乐十二年（1414），朝廷又把驿道延伸到西藏。最终形成了全国性的交通网络，对社会起到了全面的影响。交通网络除了为政权统治、军事行动提供保证和条件之外，也对社会经济和文化发展起到重要作用。在明代，如果用驿递运送货物，就可以避开大大小小的关卡，降低运输成本，为商品经济和手工业繁荣，商品流动和人员流动起到推动作用。驿递还为商旅行人提供食宿。大大小小的驿馆，历来就有大量的文人题记。如本节开篇提到的姑苏驿，明代丘霁就写有《姑苏馆赋》。南宋“中兴四大诗人”之一的范成大，直接以横塘为名，写下诗句：“南浦春来绿一川，石桥朱塔两依然。年年送客横塘路，细雨垂杨系画船。”

《驿使图》
本图来自嘉峪关魏晋墓出土的彩绘壁画砖，是我国目前发现的最早的驿使形象。“驿使”就是古代传递文书的人。图中的驿使右手持缰，左手举牍，马儿四蹄腾空，飞速疾驰。据说五官中不画嘴是为了表明驿传的保密性。

① 勘合 [kān hé]，古时符契文书上所盖印信均分为两半，由当事双方各执一半，将二符契相并验对骑缝印信作为凭证。勘合多用于车驾出入皇城、官吏驰驿、戍边调遣等情状。

行旅指南

明代出现了专门供人们行旅用的路程图引类书籍，当时主要有《客商一览醒迷天下水陆路程》《一统路程图记》《士商类要》《寰宇通衢》《天下路程图引》《图像南北两京路程》等数十种。这类图文书籍在明清两代流行近四百年，起到了非常重要的作用。新安黄汴编撰、金陵李潮刊刻的《新刻客商一览醒迷天下水陆路程》序文写道：

> 天下中国以至于九夷八蛮之地，莫不由舟车而至。名山大川以至于海隅日出之表，莫不由遵道而行。舟非水不行，车非陆不至。乃水陆莫不有程途，无程途，滔滔天下，令人迷津，茫茫山河，令人裹足。行必由径，篡入迷途，故差毫厘失千里者也。于是有水陆路程之设，使天下仕者知立于朝，耕者知耕于野，商贾知藏于市，行旅知出于途。自西自东，自南自北，无往不适，使海内仕耕商旅，由天下之达道登天下之正路，恍然驾轻车、就熟路。凡天下之大，四海之广，谁能舍正路不由哉！

这段序文明确提出了各地道路的复杂性，要想走对路就必须要了解这些路程知识。该书也确实以此为目的，在卷一、卷二中较为详细地记载了南北两京到十三省的主要路线，卷三记载了南京及周边府县的路程，卷四记载了北京周边、东北各都司、西北边境的路程，卷五到卷八记载江北、江南的水陆路程。

被誉为"万里在一目中，大为天下利益"的《一统路线图记》更是出门必备，书中详细记载的路引有一百四十四条之多，各省道路的起点、终点、转道、分合、行程、里途、水马驿站都说明得很清楚。

新安程春宇所著的《士商类要》，是路程图记和经营知识多方面内容的汇总。比如说书中提到的关于天气方面的谚语：

明·李流芳《暮山杳霭》

明朝的交通发达，即使在暮霭缭绕、杳无人烟的荒山野岭也能找到馆舍和逆旅的踪迹，游人们不必担心无处留宿、遭遇危险。

春、夏二季常有风暴，若遇天气湿热，其日午后或云起，或雷声，所起之方，必有暴风，急宜避之。

还有水陆交通情况的歌谣，内容易懂好记：

一自渔梁坝，百里至街口；八十淳安县，茶园六十有；九十严州府，钓台桐庐守；潼梓关富阳，三浙垅江口；徽郡至杭州，水程六百走。

恰如歌谣所描绘的情形，当年徽商鼎盛时期的渔梁坝曾停靠有300余艘船只，樯桅如林，商贾如云，可谓盛极一时。

张翰所著的《松窗梦语》八卷，有《宦游纪》《南游纪》等三十三纪，涉及社会生活的方方面面。作者为官数十年，一生经历了正德、嘉靖、隆庆、万历四朝，官拜吏部尚书，游历遍及全国。书中有典章故事、朝野杂记、风土人情、行旅风貌等，内容广泛。

明初，朝廷还专门编撰了一本《寰宇通衢》，杨正泰撰写的《明代驿站考》附录中辑录了该书全文。寰宇即天下，通衢就是四面八方畅通无阻。《寰宇通衢》一书，顾名思义，就是记载明代全国交通道路的专作。全书共一百四十五页，由南京到各省、府、卫、道、驿站以及彼此之间的路程、里数都收罗其中。

“程图路引”是明代士商旅行的必备之物。行旅参照“程图”，并依靠“路引”判定所在方向，计算旅程远近，并借助于询问来确定行进路线，便能到达目的地。正如明吴岫所言，“程图”一类的书籍，“士大夫得之，可为四牲览劳之资；商贾得之，可知风俗利害。入境知禁，涉方审直，万里在一目中，大为天下利益，实世有用之书”。

在时人的其他著作中，同样也能找到各地方的风土人情和出行指南。最为人知的要数徐霞客的《徐霞客游记》了。该书以游记的形式记录了各种地理风貌、人文景观、行路情况。虽然说《徐霞客游记》是崇祯十五年（1642）初刻，这离明朝灭亡只有两年时间，因而该书并没有作为明人的出游指南。但是类似徐霞客这样的人和《徐霞客游记》这样的著作在明代是很多的，从这个层面上讲，也确实给时人带来大量的地理知识和指导。

这就说到了王士性的《广志绎》。王士性的《广志绎》是明代地理学的杰作，被后来研究者誉为“已走在当时世界地理学的前列，是明代人文地理学方面的奇葩”。该书不仅仅是在知识层面上进行介绍，还较为系统地阐述了人地关系，进行了一定的区域研究。这在当时也起到了普及和教育的作用。

小议街道

现在很多市民都抱怨城市街道的治理太差，其实这个问题，自古就有了。

城市街道大多以钟鼓楼为中心，向东、南、西、北四周辐射开。城中有街，城门外的郊区有道。用石板铺设的街道，干净整洁。依河而建的城市，河岸就自然形成了街道。一河就有一街的情况在南方比比皆是。同时，街又发展为店铺鳞次栉比，摊位成群的市场。

南京作为明代的留都，又地处江南富庶地带，城内街道非常发达。一些较大城市的规划有详细的论证和系统的实施，这也是古人建筑才能的展现。像南京这样的城市，街道两旁住房以官沟为限，房屋建造不能越过官沟，如果违章会受到杖刑和笞刑，并被强制拆除或复原。即便如此，也经常发生街道被侵占的情况。居民经常在房屋上加盖屋檐和临时帐篷之类，如果不加制止，时间一久又会再向外延伸。商家店户会在门外摆起半固定的摊位，甚至另外架设建筑，使得城市街道“日促日窄”，实际上是被慢慢蚕食。这种违章行为带来很多不良后果。如果官沟被堵塞，遇到雨季，会造成水漫街道、污水乱排。街道建筑过于密集也不利于采光和安全。

克鲁士的《中国志》就提到了城市的街道管理：

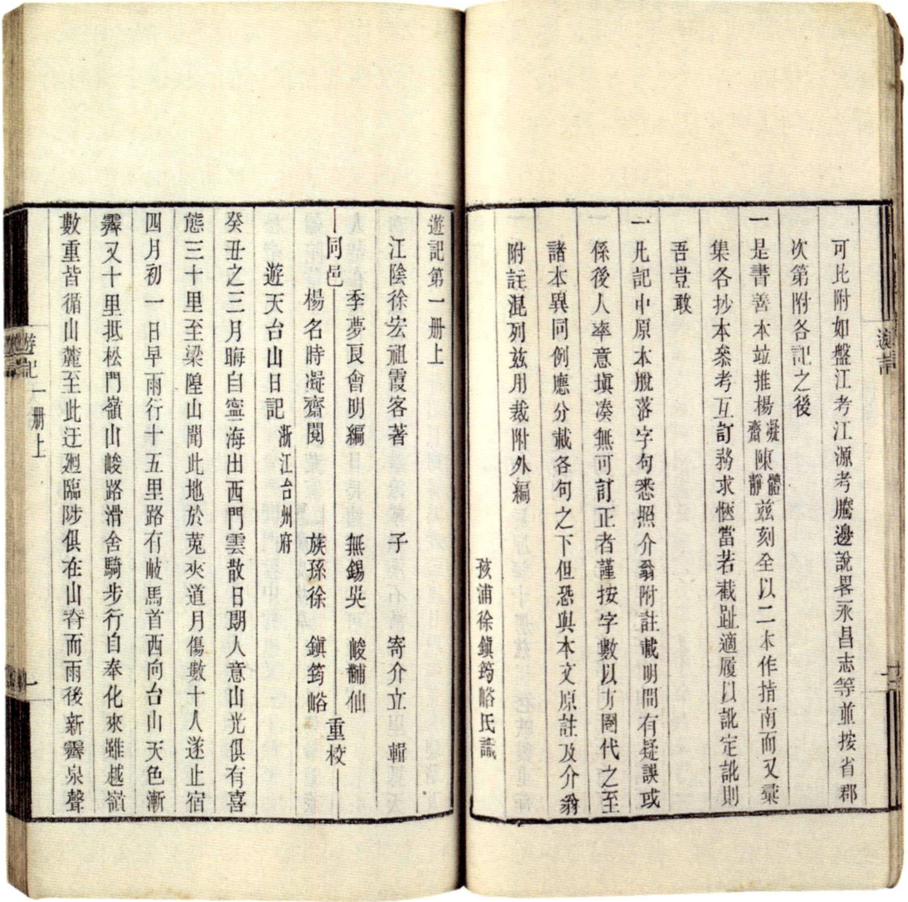

明·徐弘祖《徐霞客游记》

英国科技史专家李约瑟曾在《中国科学技术史》中说：“《徐霞客游记》读起来并不像十七世纪文人写作的作品，倒像一部二十世纪的野外勘察记录。”

车马骈阗

一排排的房屋跟城内的相似，街道和城内一样修得好并且是直的，大部分铺设整齐，有的很宽大，也有牌楼，但不多。城内城外有的街道都同样在沿房的一侧或另一侧植树遮阴。郊区街道在尽头都有门，派有专人看守，他的职责是每晚锁门，玩忽职守要严惩。每条街都有一名警察和一所牢房。

再以北京为例，相比较今日的市政管理，明朝的“市政”要简单得多，最主要的市政管理活动是对街道、沟渠的维修和管理。对道路、沟渠开展的一般

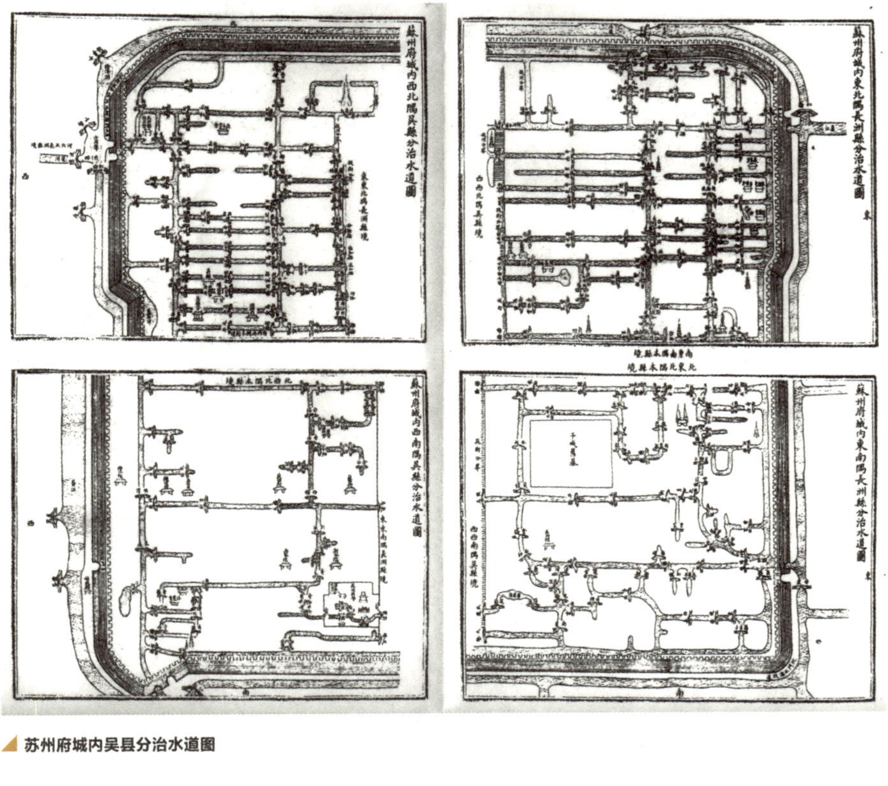

苏州府城内吴县分治水道图

性的修治和维护，都会由地方政府自行办理。只有当工程规模较大时，才会由工部统筹施工。但是北京城是国家首都，皇宫所在，所以是个例外。明代北京地方官府是顺天府，辖宛平、大兴二县。顺天府及宛平、大兴二县的品秩虽高于同级的外府、县，但是职权却被削弱，基本上只能管理乡村地区。北京城区的街道、桥梁、沟渠都由工部直接掌管。

工部下设营缮、虞衡、都水、屯田四清吏司，专门负责“都水掌山泽、陂池、泉泺、洪浅、道路、桥梁、舟车、织造、券契、衡量之事”。其中的都水司分管京城地方的街道坍塌、沟渠壅塞、皇城周围坍损及填垫疏通。

成化十五年（1479），专门成立了“街道厅”——由此可以看出厅作为行政层级和国家机构很早就出现了。街道厅有自己的办公地点（公署）、公章（关防）和下属部门，有公务员（员外郎）专门巡视北京城的街道、沟渠。

此外，五城兵马司也负责北京城日常的行政管理。这就造成了多头管理和权责不明的情况。永乐七年（1409），北京城分为东城、西城、南城、北城、中城五个兵马指挥司，每个兵马司均为独立机构，有一把手一人（指挥），副职四人（副指挥），主要工作是防察奸宄，禁捕贼盗，疏通沟渠，巡视风火。同时，社区（保、甲）的主任（保长、甲长）也要向相应的兵马司汇报工作。这么看来，管理街道、沟渠也是其职责之一。街道厅直属于工部，五城兵马司的上级却是巡城御史（类似于特派员）。巡城御史制度始于正统年间，到景泰年间正式成立了巡视五城御史公署，又称“巡城察院”，由特派人员发展为正式的派出机构。很明显，五城兵马司与街道厅的工作存在很大重叠，两者又没有隶属关系，所以难免会出现互相推诿、扯皮的现象。

更令人苦恼的是，如果遇上修道浚渠的重大工程，驻京部队是修筑的主力军，不管是工部的街道厅还是巡城察院下面的五城兵马司，哪能管得到军队呢？这又牵扯到兵部、都督府、工部和都察院等部级单位之间的协调、沟通。看来朝廷治理国家确实不轻松啊。

明·吴伟《溪山渔艇图》
这是一幅原汁原味的水乡鱼乐生活风情图，描绘的是质朴的水乡渔民而非高逸的文人雅士，生动活泼的生活气息扑面而来。

水乡故事

江左湖泊遍地，河流交纵，故称“水乡”。水乡的交通有三条途径：水边河岸可以修建塘路，跨水交通可以修桥，水中行走依靠船只。如从杭州到镇江这一段水路平坦，要路过七站，古称“平江”，水路沿途修建了河岸官塘。宋代词人贺铸有“凌波不过横塘路”之句。因为河流，塘路与桥得以出现，而它们三者也形成了江南的交通网络。同时，横跨的“桥”与穿梭的“船”构成一幅幅特有的江南水乡画卷。唐代诗人杜荀鹤看到了江南“夜市桥边水，春风寺外船”的水、船交融之景。明清小说中体现出的“江南性情”带有鲜明的“水性”。水边、水中千百年来演绎出无数的人间故事。

桥上故事多

谢肇淛在他的笔记作品《五杂组》中说：“江南无闸，江北无桥。”虽然说“江北无桥”有些夸大了，但却指出了“江南多桥”的“水乡”特点。有水的地方就有桥，有水、有桥的地方就会人口聚集。柳永的《望海潮》中说古城杭州：“烟

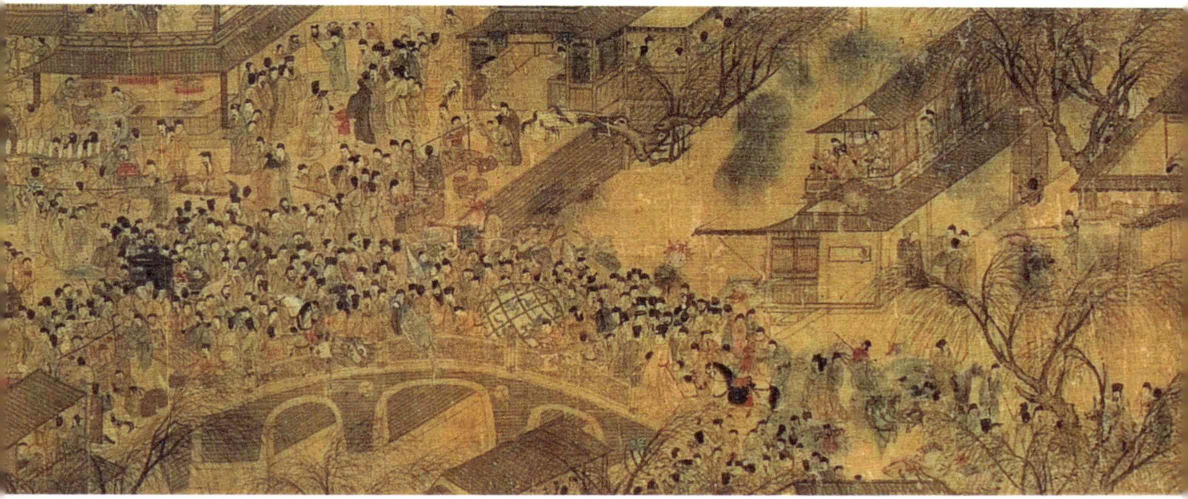

明·佚名《上元灯彩图》
此图描绘了明朝南京夫子庙元宵节时的壮观场面。据秦淮灯彩艺人证实，画中所画的灯，跟现在南京灯彩艺人所做的灯完全一样。这说明画家非常写实，画面里出现的集市、桥梁也真实反映了当时人们生活的环境。

柳画桥，风帘翠幕，参差十万人家。”桥边人多，桥上又是主要路面，所以桥周围一带便于商业经营，店铺林立，成为“桥市”。

《喻世明言》中“新桥市韩五卖春情”的故事就发生在被称作新桥的地方，“市”是古代城中的商业区。经营丝绵铺的吴山迷上了“私妓”金奴，不顾身体情况，反反复复“行事”，结果肚痛难忍，差点丧命。这个故事呈现的是人性私欲膨胀的丑剧。

一年上元灯节，张舜美走到杭州“众安桥”，见桥上“做卖做买，东去西来的，挨挤不过”，迟疑之际却邂逅了美女刘素香，“张舜美灯宵得丽女”的爱情故事就此展开。两人相约私奔却又中途失散，又是一年上元灯节，张舜美漫步到桥边，睹物伤怀、由景生情，情不自禁吟诵起欧阳修的《生查子》：

去年元夜时，花市灯如昼。

月上柳梢头，人约黄昏后。

今年元夜时，月与灯依旧。

不见去年人，泪湿春衫袖。

船上故事也不少

元明小说家的笔下，“客舫”是奇缘轶事发生的载体，“客舟”是青年男女情爱的温床。“唐解元一笑姻缘”就是很好的证明。

明代小说家王同轨的《耳谈》，叙述的故事情节和现在我们所知道的“唐伯虎点秋香”基本吻合。苏州才子陈元超，性格放荡，为人不羁。一次和友人游览虎丘，与美女秋香不期而遇，秋香对陈公子莞尔一笑，也不知道是有意还是出于客气，而陈公子却招架不住了，从此念念不忘，于是明察暗访，探知秋香原是城里一位官宦人家的婢女。陈元超为求得美人归，乔装打扮混入府宅，发挥特长充当该府两位公子的伴读书童。所谓日久生情，两位公子无论娱乐还是学习都开始依赖元超时，他却提出想要回家娶亲完成父母愿望。两位公子不肯放人，一琢磨，府上婢女众多，干脆选嫁一个于他。陈元超便点名要了秋香，至此终于遂了心愿。

到了冯梦龙《警世通言》，男主角从陈元超变成了唐伯虎，情节也复杂了一些。所以“唐解元一笑姻缘”是“唐伯虎点秋香”的雏形。故事情节大体相同。苏州葑、盘、胥、阊、娄、齐六门，阊门最繁盛，商旅辐辏、舟车不绝。吴中才子唐伯虎恃才豪放，绝意功名。一次坐在阊门游船闲逛，遇见画舫中一个青衣女子冲他发笑，唐伯虎顿时恍然若失。经过一番了解，那位爱笑的青衣女子是城里华学士家的婢女。唐伯虎混入华府充当华家公子书童的情节，与陈元超故事雷同，只是唐伯虎点秋香的故事牵扯出了华家老爷和夫人，而秋香也已经升格为华老夫人的执事婢女。

明代大家冯梦龙①编纂的“三言二拍”（《喻世明言》《警世通言》《醒世恒言》《初刻拍案惊奇》《二刻拍案惊奇》）是著名的传奇短篇小说与话本合集，收录不少于170个。其中与“桥”相关联的有70多篇。“桥”成了文学建构的艺术场景。如《警世通言》中的“杜十娘怒沉百宝箱”“宋小官团圆破毡笠”“苏知县罗衫再合”，《喻世明言》中的“金玉奴棒打薄情郎”，《醒世恒言》中“蔡瑞虹忍辱报仇”“水湾天狐诒书”，还有《初刻拍案惊奇》中的“李公佐巧解梦中言，谢小娥智擒船上盗”“顾阿绣喜舍檀那物，崔俊臣巧会芙蓉屏”“丹客半黍九还，富翁千金一笑”……这些故事情断船头，或有夸张，或似传奇，令人匪夷所思，是虚构，也是另一种写实。人心善时可以是天使，人心恶时又超越了恶魔，芸芸众生，世间百态，常常让人感慨“小说不虚”！

① 冯梦龙（1574—1646），字犹龙，又字子犹，号龙子犹、墨憨斋主人、姑苏词奴等。江苏省苏州人。明代文学家、思想家、戏曲家。兄梦桂善画，弟梦熊有诗传世，兄弟三人并称“吴下三冯”。

明·陈洪绶《泛舟图》

对于明代人来说，泛舟是一件怡情养性的事，也令人浮想联翩。明代文学中与船相关的故事非常丰富，大多与情有关，曲折动人，写尽了世间百态。

冠带之国

礼聘乐教，从心所欲不逾矩。

社会史的研究，或者说是对古代社会生活的关注，现在已经进入了人们的视野，也从边缘走到了中心。一些著名的历史学家甚至认为生活史的研究一时成了历史研究中的“公主”“皇后”。

我们经常说中国地域辽阔、人口众多、历史悠久，那么，在如此辽阔的土地上，如此众多的人群中，以及如此长久的时间里面，该会发生多少故事，又岂是我们所能穷尽的？所以，在历史面前我们永远都是“小学生”。明代自1368年建立直至1644年灭亡，历经276年，本书的前四章分别从衣、食、住、行四个方面进行了简单的描述。本章意在选取明代社会生活中精神层面的内容做一简单介绍。

俗话说“生老病死，人之四维”，也就是人生的四种状态，由此产生了“人生四礼”：冠礼、婚礼、丧礼和祭礼。四礼之中我们具体展开论述了婚礼习俗。此外，明代的宗教生活也值得关注。一些马克思主义者认为，人的认识居于一定历史阶段中是有限的，很多时候广大的民众对现实世界的反映很难做到客观。这种“主观”的反映可能会受到马克思主义哲学家的批判，但却是历史学家手中的史实，也是社会学家眼里的真实世界。人类除了劳作，尚需休闲娱乐。然而在那个没有声光影电的时代，我们的祖先又是如何“忘忧清乐”的呢？

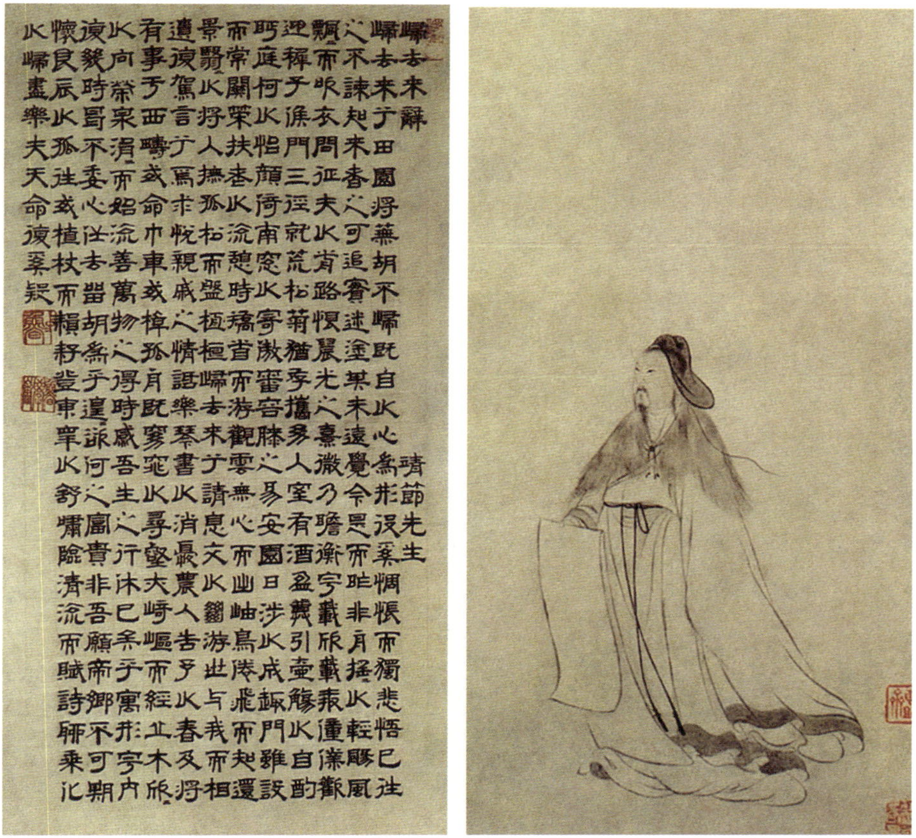

◢ **明·王仲玉《陶渊明像》（局部）**

明代画家王仲玉曾在洪武年间以能画被召入京师。他绘制的《陶渊明像》，笔虽简而意境悠远，潇洒淡逸之趣跃然纸上。画面很好地体现了陶渊明隐遁山林的性格和思想，也表明明朝人善于通过绘画来表达“忘忧清乐”的隐逸之思。

家礼：冠礼、婚礼、丧礼和祭礼

中国是一个讲求礼制的社会。其实，礼有三层含义——《周礼》为典章制度之本，《仪礼》为动仪履行之则，《礼记》则释礼之义以明礼意者也。通俗地说，“礼制”就是国家制度，“礼仪”就是社会习俗和道德要求，“礼义”就是文化教育。

虽说传统中国的“礼治”思想与西欧的“法治”精神是两种文化形态，但是“礼”与“法”的起源都是基于人类社会的需要。司马迁在《史记》中说：“礼由人起。人生有欲，欲而不得则不能无忿，忿而无度量则争，争则乱。”

由是观之，礼的出现就是作为一种共同的准则，为了防止由于欲望导致的“忿”“争”与“乱”。

“人苟生之为见，若者必死；苟利之为见，若者必害；怠惰之为安，若者必危；情胜之为安，若者必亡。故圣人一之于礼义，则两得之矣。”如果每个人都只追求自己的利益，那么，人与人之间的私欲就会不断转化为危及整个群体生存的纷争。更何况在那个久远的年代，工具落后，认识有限，整个社会发展水平低下，没有一个稳定有序的群体，人类又何以生存与延续。

卢梭在《社会契约论》中论说道：

> 在自然状态下危及他们生存的障碍之大，已经超过了每一个人为了在这种状态下继续生存所能运用的力量，因此，这种原始状态已不可能再继续存在。人类如果不改变其生存方式，就会灭亡。
>
> 这些明白无误的条款，可以归结为这么一句话：每个结合者以及他所有的一切权利已全部转让给整个集体了。

这种契约论框架下的“让渡权力”与礼治情境下的“息争”都是为了人类

明·郭诩《文公先生方巾像》
明朝延续了宋代人开创的礼仪制度，也十分推崇这一制度的奠基人——朱熹朱老夫子。

的存在与发展而展开的。所以司马迁说“故礼者，养也”，在礼的规范下，每个人都能活下来，有饭吃，有自己的社会位置。在传统社会的长期实践中，“礼”的内容不断丰富、多样化。从家庭的角度而言，有家礼。家礼表现为冠礼、婚礼、丧礼与祭礼四种。经过南宋朱熹重新考订之后，逐渐成为人们普遍的行为准则。

冠礼

男子的成年礼被称为“冠礼”，女子的成年礼称为“笄礼”。古诗词有“年初十五最风流，新赐云鬟使上头”，可见冠礼与笈礼都称为“上头”。

《礼》曰：“冠于阼，以著代也。醮于客位，三加弥尊，加有成也。已冠而字之，成人之道也。”这样隆重的冠礼到了明代只在皇家保留，而且程序非

明代头戴方巾的少年

常繁琐、庄严。一般而言，太子、皇孙在12岁到15岁之间举行冠礼，由皇帝亲临，宾赞（宾客、瓒相）主持。根据《明史》的记载，太史监选择皇太子冠礼吉日，工部预先制作好衮冕服饰，翰林院学士们写好祝文。宾、赞分别由两名官员担任。确定时间和程序之后，派大臣祭告天地宗庙。然后是从奉天殿到午门一系列摆设和人员安排。到了冠礼这一天，三通鼓之后，文武百官先进殿，皇帝通天冠、绛纱袍端坐在龙椅。宾赞就位，礼乐演奏，百官四拜兴（跪下之后站起来叫兴。四拜兴是指跪拜、站起四轮），礼乐暂停。大臣宣读奉旨皇太子加冠，百官跪地，四拜。东宫官员引导皇太子就位，皇太子从进场到就位期间礼乐演奏。

接下来才是冠礼的三道程序，说起来简单，其实依然很复杂。

清·徐璋《夏允彝夏完淳父子像》
明朝的冠带礼仪，年长的父亲头戴冠冕，年少的儿子尚未加冠，故而佩戴方巾。

明代鲁荒王皮弁
鲁荒王墓出土的这顶皮弁用藤篾编成内胎，外覆黑纱织物，表层缝有玉珠，左右横向贯穿插有一根金簪，如此璀璨豪华的皇家冠冕实在令人惊叹。

初加，进网巾，祝词曰：“兹惟吉日，冠以成人。克敦孝友，福禄来骈。”

再加，进翼善冠，祝词曰：“冠礼斯举，宾由成德。敬慎威仪，维民之则。”

三加，进衮冕，祝词曰：“冠至三加，命服用章。敬神事上，永固籓邦。”

酌醴祝曰：“旨酒嘉荐，载芬载芳。受兹景福，百世其昌。”

敕戒词曰：“孝于君亲，友于兄弟。亲贤爱民，率由礼义。毋溢毋骄，永保富贵。”

冠礼之后，皇子接受百官拜贺，这一套程序走完，就意味着皇子已经成人了。皇太子加冠时皇帝会赐字（“奉敕字某”），我们都知道，姓是随父亲，名是出生时长辈所取，字就是加冠成年的时候长辈取的，至于号则是自己取或别人送的。礼毕之后到后宫拜见皇后。第二天到太庙参拜。第三天到奉天殿接受百官公服朝贺，然后百官常服到东宫道贺，皇太子赐宴。

皇子在举行冠礼的时候，一律参照皇太子的礼仪。但是规格明显降低，也少了很多象征皇权继承的程序。皇子冠礼的第二天，百官到府邸参拜行礼。从永乐九年（1411）开始，皇太孙（皇太子的嫡长子）的冠礼与皇太子相同。从成化二十三年（1487）开始，皇子加冠的第二天到皇宫奉天门东庑登座，百官常服四拜。万历二十九年（1601），礼部尚书冯琦的进言被采纳。冯尚书认为情况在变化，现在皇上在文华殿办公，皇太子的冠礼在正殿举行已经不合适了，可以移到东边的偏殿去。其他皇子、亲王的冠礼也要相应地移到西边的偏殿。

从皇子到村娃，冠礼都是必需的成人仪式。越是富贵之家，仪式规模就越盛大隆重。穷苦的小民之家，冠礼往往被简化为一顿饭、一毡小帽，甚至是一句话：今天开始，你已经长大了。民间冠礼的年龄稍晚一点，一般是 15 岁到 20 岁之间。选择一个吉日是肯定的，地点一般在家族祠堂或正屋大堂，有一位主持，基本上按照朱熹《家礼》上的程序，简略情况各不相同。仪式之后，拜见父母和长辈，冠礼之后取字。也有不少“顽劣少年”不到冠礼年龄就自行戴冠，特别是网巾流行之后，彼此送字赠号，出现了以此代替加冠的习俗，这也是民间风俗的简化。这样一来，冠礼的仪式在很大程度上就被削弱、淡化了。更简单的，到了结婚的时候，男方请人替新妇上髻，女方也同时请人为新郎戴上冠巾，就算成年了。

明代的婚礼将会在下文讲到，在此不再赘言。

丧礼

《周礼》上讲“以丧礼哀死亡”，《礼记》又提出“居丧未葬，读丧礼。既葬，读祭礼”，可见，人死之后到下葬完成之间的一套仪式称为丧礼，俗称“治丧事”。传统观念极其注重人的生与死，所谓“死者为大”，对死者要心怀伤痛，慰问生者要表示哀吊，这就是“死者伤”“生者吊”的来源。所以，治丧事注重哀痛，没有哀痛的丧礼在儒家看来，只有形没有神。严肃的礼节程序，如披麻戴孝、衣衾棺椁，都是哀的外在形式。当然，合乎礼仪的治丧也是对死者充分敬重的表现。依据传统丧礼，人死之后，主是有殓、殡、苫、吊、奠赙等几道程序。殓，有大殓与小殓之分。小殓在死后一天举行，小殓是指清洁、整理故者的遗

明孝陵石狮图

体，因为人死之后尸体会逐渐僵硬，所以要在此前把死者的寿衣等穿戴好，把遗体的姿态摆放好，以便后续下棺。大殓一般是在小殓后一天，是在亲友等都到场之后，在主厅举行隆重、庄严的入殓仪式，此时遗体从停放处抬出，经过几个步骤再放入棺材，这个阶段有专门懂礼的司仪主持仪式。有的地方风俗中还会在大殓的时候举行至亲敬酒[①]告别等。入殓之后，棺材会被木榫头或铁钉封死，故者的人生就此“盖棺定论”了。然后就是等着出殡。哭，是指在丧礼的几个环节死者的至亲必须要哭泣甚至是号啕大哭，借此表达哀痛和对死者的不舍。如果丧礼上都没人哭，一般被认为是死者一生的失败或是家人的不懂礼事。当然，发自内心的哭，估计在死者生命临近尾声之际，已经是难免的了。当然，这种悲痛的眼泪在丧礼的哀乐声中会很自然地流露。吊，是指亲朋好友前来吊

① 敬酒在此即指下跪于棺右边，靠近遗体上半身，双手捧着满酒的杯子三拜之后，用手蘸几滴酒洒在棺内，然后把酒浇在地上。

唁，追思死者，慰问生者。明代丧事中的吊礼，来者一律对死者行拜礼并上香，家属则在一旁连连致谢。明代的奠、赙所费财物较多，遇到丧事请客征礼，奠赙物品有大盘、蜜楼、绫锦、人物、楼阁、飞走之类。

皇家与臣民的丧礼意义相近，但是规格和仪式相差巨大。明代的皇陵有两处：南京明孝陵与北京十三陵。明孝陵有嫔妃近 40 人袝葬。太祖之后，皇太孙朱允炆即位，年号建文。不久被叔父燕王朱棣以“靖难”（打着皇帝被奸臣迷惑，起兵为皇帝解难）的旗号，通过战争攻入南京，据说，建文帝最后不知所终，也就没有陵寝。明英宗在土木堡之变中被瓦剌俘虏，其弟即位，就是明景帝。后来英宗被瓦剌放回，明景帝并没有还位给英宗，而是把英宗安置在南宫，还进行了一定的防范。英宗在心腹的策划和协助下发动“夺门之变”，进行“南宫复辟”，又重新登上了皇位，明景帝就被废黜了。景帝死了之后，英宗不承

明孝陵文官石俑

明孝陵武官石俑

认他的合法性，以亲王的身份葬在北京西郊玉泉山。明代十六帝，太祖葬在南京，建文帝坟都没有，景帝是以亲王的身份葬在别处。其余的十三帝都葬在北京天寿山，共计皇陵十三座，妃子墓七座，太监墓一座，有皇帝十三位，皇后二十三位，太子两位，妃嫔三十余位，太监两位。后世称为“明十三陵”。此外，明代很多妃嫔葬在金山口，而太监的墓地集中在北京黑山会。

官宦士庶人家一般生前就会造好坟地，民间俗称“生宫”，而且墓地选址尤其看重风水。太祖立国以孝治天下，规定现任官员父母丧事理应“斩衰三年”，即官员接到父母去世消息，可以先离职回乡奔丧，再上奏开缺。如果遇到战乱等特殊情况，需要“夺情复起，以共济时艰”的，就只能“夺情”了——其实就是不必回乡守制三年而在职守孝。只有京官内侍才有“夺情”的可能，在外官员则不可能导致这种情况发生。

守制礼节的具体情况也是千差万别的。有的士大夫居丧期间会戴苏巾、穿深衣接待客人，这样的着装与孝服已经大相径庭，只能说是素装罢了。如果非要计较一番的话，恐怕也是不符合丧礼的。也有听闻，湖州经常有人三年守孝期满，依旧身着素服。那些视父母去世为“心丧”的孝子，守孝就更加严苛了，有的人终生素服。对于这样的人来说，父母不在了，人生也就没有什么喜与庆可言，又何须盛装打扮?

俗话说，十里不同风，百里不同俗。一方水土养一方人。明代丧礼中也有被人视为“恶俗”的现象。比如：

成服——丧礼期间大摆酒席，鼓乐阵阵，亲朋好友聚集多日不散；

度亡——丧礼期间，请来僧侣道士做法事（其实度亡的现象在日常生活中十分普遍）；

伴丧——丧事期间请来戏班，搭台唱戏，也称“娱尸”。事实上确实存在一些地方的风俗，是“以丧为喜，而非哀”的形式表现。

谢孝——古人讲究礼尚往来，有些地方风俗在丧事结束之后，对前来吊唁的亲友要及时回访谢孝，不过有些人家过了很久才登门谢孝，甚至在过年或节庆拜会的时候一并谢孝，时机的选择往往非常不合时宜，说得俗白一些，那可是“触人霉头”啊！

此外，丧礼还有“斋七”一俗，即在人亡故之后，每隔七天举行一次祭拜仪式的法事，第一个七天叫“头七”，以此类推直至“七七”为止，阴魂才散去。除了斋七，还有百日、期年、再期（两周年）、服除，以及之后每年的七月十五、十五周年、二十周年，也要大做法事，俗称“追荐”。这些讲究至今已经很少见了。

祭礼

《礼记·檀弓上》有言：“祭礼与其敬不足而礼有馀也，不若礼不足而敬有馀也。”《墨子·公孟》则亦曰：“执无鬼而学祭礼，是犹无客而学客礼也。”

“祭”分为家祭和墓祭。古代祭礼的出发点与着眼点是孝道，所以孔子云：“生，事之以礼；死，葬之以礼，祭之以礼”，同时，比如《礼记》有载：“祭者，所以追养继孝也。”说明祭礼也是基于“报本追远”的缘故而展开。

明初编修的《大明集礼》中有“品官家庙”“家庙图”“祠堂制度”“神主式”等内容，根据当中的记载，“品官之家”可以“立祠堂于正寝之东”，供奉高、曾、祖、祢[①]四世牌位。庶人之家没有祠堂，只能供奉二代神主。按照朱熹《家礼》的说法，冬至、立春、立秋以及忌日都要举行祭祀，每逢上元节、中秋节等也要供奉。朱熹除了强调祭，还提出了一种禀告制度，出远门前需要到家庙上香禀告祖先、父母，从远处归来也要禀告，有了红白喜事或诸如此类的大事等都要禀告。程序上几乎可以说是祖宗的神化和宗教化。

嘉靖皇帝即位之后，按照旧的制度来看，明武宗去世后没有后嗣，嘉靖皇

① “祢”是对古代宗庙中亡父牌位的称谓。

帝虽是兴献王的儿子，但在继承大位之后，应该尊明武宗为皇考，承继武宗一脉。但是，嘉靖皇帝坚持以兴献王世子的身份承继大统，尊兴献王为皇考，而将先帝明孝宗变成了“皇伯考”，这引起了重臣们的反对，由此引发了“大礼议”之争，但最后的结果却是皇帝的胜出，皇室宗庙改革随之而来，同时也放宽了臣民对祭祖的规定。嘉靖十五年（1536）皇室诏令天下，无论臣民都可以祭祀始祖，这就等于说同姓同宗可以联宗祭祖了，民间由此开始大建宗祠。这样一来，家祭形式发生了重大变化。而祠堂也开始成为家族重要的祭奠场所。

明代的祭礼主要依据《大明集礼》，而《大明集礼》则效仿朱熹的《家礼》。如此一来，《家礼》的内容进入了国家礼制的层面，也在社会上得到了广泛的传播与实践。

除了家庙制度外，朱熹也对墓葬给予了极大的重视，他在《茶院朱氏世谱叙》中提到：

> 淳熙丙申，熹还故里将展连同志墓，则方夫人，十五公，冯夫人之墓皆已失之，因亟询访得连同兆域所在，乃率族人言于有司，而复得之，其文据藏于家，副在族第。然而三墓者，则遂不复见。癸卯五月辛卯，因阅旧谱感世次之易远，骨肉之易疏，而坟墓之不易保也，乃更叙次定为婺源茶院朱氏世谱而并书其后如此。

朱熹明确指出，其之所以揪心于婺源茶院朱氏世谱，其起因很重要的一方面就是因为“三墓者，则遂不复见”。

随着朱熹思想的传播，他对墓葬的重视也势必影响着人们的思想与祭祀礼俗。所以，汉代就已经出现的墓祭在明代就更普遍了。明代的墓祭，最为普遍的也就是清明节与重阳节，家家户户都带着酒肴祭品到祖先坟前祭奠，墓祭时烧纸钱的习俗也广泛存在。

婚姻习俗

《大明集礼》及明代《会典》《明实录》《明史》等典籍中，对天子纳后、皇子纳妃、王侯婚礼、公主下嫁、百官婚庆、庶民婚事等活动礼俗都给出了详细的规定。虽然程朱理学转变为“国家意识形态”之后在民间影响广泛，但是婚礼的举办实际上还是依据各地的风俗习惯而定，朝廷颁布的规定也只对皇室与百官起到约束。特别是明中期之后，民间婚俗基本上不受朝廷影响。

明代汉族的婚礼习俗主要是依据《朱子家训》，边远地 区与少数民族的婚俗保留了较为鲜明的民族特点。古代流传下来的“六礼”，在明代只留下纳彩、纳币、请期三礼，这是一种化繁为简的变迁。适婚年龄，男子为 16 岁，女子为 14 岁，婚礼中，新郎可以穿常服也被准许借用九品官服，新娘可套着花钗大袖。

明人吕坤在《四礼疑》中提到“铺房”，即迎亲的前一天，女方派人到男方家铺设新房。铺房除了新房内陈设务求用新的之外，还需要子女双全、家境不错的“富贵婆婆”来铺设新床，铺陈的时候还要喃喃祝词。有些地方，铺房的同时也就顺带“送嫁妆”。女方把事先准备好的嫁妆一并送去，在男方新房里面摆设好。新郎则亲自迎娶新娘到婆家，而后就要举行拜堂的仪式了。拜堂是婚礼中的大礼，一般来说拜堂可以简单地归纳为一句话：“一拜天地，二拜高堂，夫妻对拜，送入洞房。”新人送入洞房之后，分左右坐在床上，由伴娘向床内抛撒金钱糖果之类的东西，称为“撒帐”，正如明人蒋之翘有诗句言：

叶二笄联灿紫磨，扇莨云簇月生波。
两行引赞交迎跪，撒果争闻唱得多。

“合卺”是指一对新人在新房内同饮合欢酒，俗称“交杯酒”。古代婚俗中还有“栓红线”，如明人张四维《就婚》篇中那句“岂不闻月下老人之事乎？千里姻缘一线牵”流传至今，与之相伴的闹洞房的习俗则更为普遍了。一般大

明·犀角雕英雄合卺杯，
精雕细刻的犀角雕英雄合卺杯材质名贵、工艺精湛，用此杯盛满琼浆玉露以作交杯之酒，寓意着新人一生富贵和美。

婚后第三天新婚夫妻回岳父母家，称为“归宁”，俗称“回门”。

明初婚姻讲究门第对等，人们以攀附名门望族为荣。元末袁桷受刘光之托，为刘母作《方夫人墓志铭》云：“夫人世居上饶之德兴，幼时静好。其父隐君抱膝上祝曰，吾家世儒林，当为你慎择婚对。”方夫人父亲以“家世儒林”自勉，当然也是一种自认为的尊贵。所以在为方夫人择偶的时候，就要慎重，选择了门第对等的刘家。

婚姻往往是两个家族的兼容，有时候表现在财富与名望的完美结合。明李祯昌《剪灯余话》记载了一则例子：“子坚故徽，骤然发迹，欲光饰其门户，故婚姻皆攀援阀阅，衒耀于人。名家右族之贫穷未振者，辄与缔姻，此则慕其华腴，彼则贪其富贵。”项子坚家一直很贫困，后来突然发迹，腰缠万贯，他就想借机提升门第层次，所以家里婚配媒聘都热衷于结交门阀世族，借此炫耀。

明制婚服

名门望族即便是中道衰落的，也不惜与富家结亲，彼此各取所需，一个贪慕钱财，另一个贪慕门第名望，变成了赤裸裸的交易。

到了明中期之后，婚姻关系中金钱压过门第已经是一发不可收拾了。仅仅在嘉靖之前，“当时婚娶，但论门阀；媒妁定言，两不求备”。此后，“今女家许聘，辄索财礼，既醮，乃论资装，稍不如意，非过期不归，则妇归见斥矣”。不少婚姻已经演变为索取财礼的“买卖关系”。

纳妾

明代纳妾现象非常普遍，稍有资财的人家都有纳妾情况。实际上，纳妾主要是买卖行为，当时的繁华城市里，有人专门养处女卖人为妾，俗称“养瘦马”。引用谢肇淛《五杂俎》文中的一段话：

维扬居天地之中，川泽秀媚，故女子多美丽而性温柔，举止婉慧，所谓泽气多，女亦其灵淑之气所钟，诸方不能敌也。然扬人习以为奇货，市贩各童女，加意装束，教以书算琴棋之属，以徼厚直，谓之瘦马，然习与性成，与亲生者亦无别矣。

纳妾作为一种买卖关系，也发展得很成熟，以契约文书为证。明代纳妾“立婚书”就有着行文格式上的规范：

某境有诉生自养女子，立名某娘奴，年已长成，凭某人某氏，议配某某为侧室，本日受到聘银若干两，本女即听从择吉过门成亲，熊罴协梦，瓜瓞绵延。本女确系亲生养女子，并不曾受人财礼，无重叠、

明·唐寅《红叶题诗仕女图》
明朝江南四大才子之一唐寅擅画仕女图，他笔下的明代仕女体态婀娜优美、衣着清雅飘逸、神态富于变化。下文《蕉叶睡女图卷》亦如此，可以略探明代文人雅士对于娴静女子的崇尚。

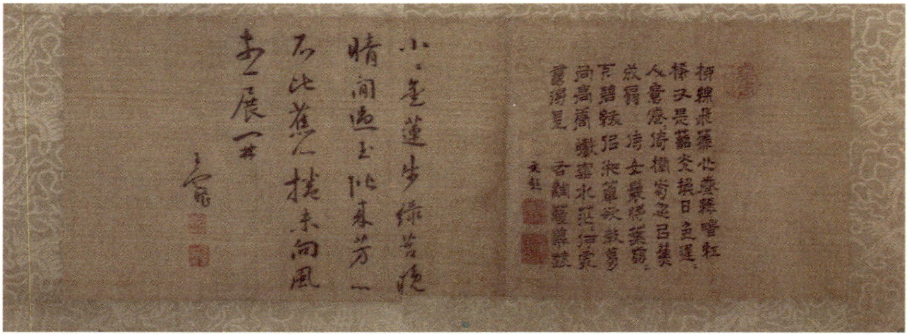

明·唐寅《蕉叶睡女图卷》（局部）

来历不明等事，如有此色，及走闪，出自跟寻送还，倘风水不虞，此乃天命，与银主无干。今欲聘证，故立婚书为照。

上述立婚书中将约定的情况说得一清二楚，而意外情况也做了明确的交代。按照这份立婚书来纳妾，在现在看来都是非常保险的。

离婚

我们熟知的古代妇女如果犯了“七出”之条就可以被一纸休书休弃，所以“七出”也称为“七弃”，其“罪状”有：不顺父母，无子，淫，妒，有恶疾，口多言，窃盗。实际上休妻的正当理由还有违律为婚、义绝，以及其他复杂多样的现实原因，这些理由中的任意一条都足以把女人逐出门墙。

明代律法规定家庭暴力情况的，可以离婚：

夫妻互殴者，离婚与否，听自原舅姑；非理虐待子妇者，判令归宗；凡妻殴夫者，杖一百，愿离者，听其自便；其夫殴妻，先行审问，夫妇如愿离异者，断罪离异。不愿离异者，验罪收赎。若非理殴子孙之妇，致令废疾者，杖八十，笃疾者加一等，并令归宗。

明·唐寅《蕉叶睡女图卷》（局部）

离婚证书须由丈夫、男女方尊长签字，邻里作为证人画押后方可生效。

退婚

婚约的习俗古今中外一直都有。明代的婚约具有法律效力，擅自缔结婚约，由此造成不良影响和恶劣后果的要承担相应的责任。这在《户律男女婚姻》中有较为详细的规定。明代律法规定下列情况，婚约可以有效解除。

自然原因：男女一方死亡或者下落不明，这就造成适婚一方无法正常完婚，法律同意可以正当解除婚约。

人为因素：订婚之后，没有正当理由三年都不完婚，这样就等于在拖延另一方的青春，由此造成一方有意见的可以解除婚约。古代认为“男大当婚，女大当嫁”，到了适婚年龄就应该完婚生子，这样社会才能持续发展。

违法情况：一方犯罪，也可以解除婚约。因为婚嫁是“良家”结亲，一方有了劣迹，另一方不同意婚事也是应该的，符合教化的思想。违约情况：订婚之后，另外婚娶的，另一方可以正当解除婚约。婚约的一方还要承担法律责任和赔偿经济损失。

总的来说，古代的婚约虽然有明显的男权色彩和等级观念，但还算合乎人情道理。可恨的是，并不是这种“没有现代人权意识”的明文规定，而恰恰是有权有势之家仗势欺人，把律法的合情合理变成权钱交易之下的残暴不仁。

改嫁

在上层社会，丈夫死后，妇女是否能改嫁，往往由夫家长辈决定。而在民间，寡妇可以自己决定是否改嫁。女子带着孩子改嫁，孩子长大成人之后，婚姻由亲生母亲决定，就这一点从明律来讲，后爹是无权强行干预的。丈夫没死的再嫁，就涉及再婚的问题，为了避免纠纷，就有了“再嫁婚书”，也叫“婚启”。也有民间格式化的婚书：

> 主婚房长某人，有弟侄某人近故，侄弟妇某氏自愿守志，奈家贫，日食无继，或跟内家则云兼以弟侄等棺衾银两无可别出理还，一凭媒某氏议配某人为婚，水日受到聘礼银若干两正，其银一并得足，某氏即听从某宅择吉日过门成婚。此系两愿，各无异说。今欲有凭，立婚书为照。

入赘婚

入赘，是指家贫男子到女方家完婚，婚后就生活在女方家，成为女方家的一员，所育子女从女方姓。在这个婚姻过程中，男方几乎不需要承担费用，一切由女方操持，俗称“倒插门”。就直观感觉而言，这样的婚姻有明显的歧视意味。所以但凡娶得起媳妇的男子一般都不会选择入赘。有些女方家境优越，想招上门女婿，为的是使家族姓氏能够传承下去，而有些男子也愿意入赘豪门。有些地方的习俗是入赘为婿要从妻姓，只不过所生子女却随男方原来姓氏。入赘婚姻中的离婚，女方自然而然掌握主动权，亦称为“逐婿”。由此可见，婚姻中经济基础的决定作用自古亦然。

冥婚

中国人的婚嫁习俗不局限于生前，还会延伸至身后事。子女未婚而死，父母家人内心记挂，便会为之举行婚礼，使死者在阴间仍然结为“夫妇”，俗称“冥婚”，或者称为“阴配”“阴亲”。

冥婚的仪式与一般正常婚礼类似，只不过所用聘礼物品变为了祭品。冥婚存在的形式众多，主要有迁葬、嫁殇、抱主成亲三种形式。迁葬是指男女双方生前都未婚，死后由家人为之结合，迁女方骸骨与男方同墓，并为二人举行相应的结婚仪式。如若男女双方生前有婚约，未婚而夭亡，家人为之成婚并迁葬同一个墓穴，则称为嫁殇。

抱主成亲是指生前已有婚约，未婚夫去世，女方没有提出解约，只得抱着未婚夫的神主牌位举行婚礼。这种婚俗以现在观之非常残忍，但在烈女节妇礼教盛行的时代却深受褒奖。这种婚姻形式的存在一定程度上说明了，在旧时的婚姻关系中，女方嫁入男方家之后就变成了男人犳附庸，男人去世后就得守寡一辈子，所以又叫“望门寡”。但仔细分析，望门寡的出现有着深层的社会原因，其中非常重要的一点是生存因素。而且在礼教盛行的地方，未婚女子死了未婚夫，即便是选择了解除婚约，也难以再嫁到好人家，因为这样的女子被认为是“命硬”“克夫”，很多女子就在重要的社会舆论中牺牲了自己的一生。事实上，也有一些女子，敢于冲破藩篱和偏见，过上了正常人的生活。

当然，冥婚的仪式与一般正常婚礼类似，只是所用聘礼物品变为了祭品。

指腹为婚

回顾前文我们可知，在世家大族之类的富贵之家，婚姻往往是为某种利益服务的。指腹为婚，俗称“胎婚”。两家妇人均有孕在身的时候，甚至还未有身孕的时候就已经协定，如果所生为一男一女则日后结为亲家。指腹为婚的婚俗据说在六朝时候就已兴起。民间世交的两家，偶尔也会指腹为婚。明代曾禁止这种婚俗。

事实上，指腹为婚与童养媳一样都是陋俗。

明·唐寅《牡丹仕女图》
图中女子仪态优雅、体态丰腴，她一手执扇，一手轻抚牡丹，衣着光鲜亮丽，显然是富贵人家的一名少妇。

明人的宗教生活

在明代，程朱理学已是显学，而此时的宗教在学术上已经走向衰微，佛教与道教的组织管理已经国家化。而所谓的儒、释、道三教合一，实际上是宗教的儒学化。中央对边疆和少数民族地区的宗教政策主要是着眼于地方政权的维系。后期利玛窦等传教士来华传播天主教，作为中西文化交流中的大事件，其宗教影响却有限。在广泛的民众中传播的是宗教的观念与敬神畏鬼的习俗，民间宗教组织长期是依靠一种秘密结社，并以非法的地下活动形式流传。

元至正十二年，即 1352 年闰三月，一个饱经风霜的年轻和尚脱下了已经腌臜不堪的袈裟，在凤阳府只身投入农民起义军中。十六年之后，在南京城，登上了皇帝的宝座。他就是明朝的高皇帝朱元璋，习惯上称其庙号明太祖。

太祖的这段出家经历或多或少带给他对佛教的一些亲切感，但不可能影响到他对宗教的控制政策。洪武年间，中央设置僧录司管理全国佛教事务，编制全国僧侣名册，实行度牒身份制。洪武二十七年规定每三年颁发一次度牒。洪武二十八年召集僧人在南京考试，如果考试不通过将收回度牒责令还俗。明初的佛教带有非常浓厚的学术气息，因为当时的僧人识文断字，懂得佛理，就连宋濂这样的开国大臣都有一定的佛学造诣。靖难之役时，僧人道衍，也就是著名的谋臣姚广孝，其兼通儒释道之学，尤其专注佛学，他还曾著述批评程朱理学对佛理的阐释有谬误。鉴于姚广孝的特殊地位，他在世时，其说没有受到攻讦，但是在他去世之后，其著作就遭到了禁毁。

永乐朝初期，内宫宦官信奉佛教的人很多，宦官把佛教作为信仰寄托。正德以后，心学的兴起刺激了佛教禅学，到明末王学末流逐渐禅化。明代佛教主要有禅宗、净土宗和天台宗。其余如律宗、华严宗各派一直处于微末状态。佛教发展到明朝，早已不执着于佛教固有的经典学说，在儒释道结合的基础上，知识分子更表现出了近禅的倾向。

刘伯温画像，选自《遗西湖明人物图》（影印版·卷三）
道教是中国本土宗教，朱元璋身边的名臣刘伯温也有道教背景，传说中的刘伯温精通风水、能够预测未来，是一个出神入化、智慧不亚于诸葛亮的超级军师！

道教是中国土生土长的宗教，传统的道家有“三洞”“四辅”“十二类”。三洞四辅：洞真部，道教公认的鼻祖元始天尊，又名盘古氏玉清元始天尊一派流变的道教大乘上法。洞真之辅是太元部。洞元部，道教公认的创始人太上老君，即老子一派流变的道教中乘中法。洞元之辅是太平部。洞神部，太上老君一派流变出的小乘初法。洞神之辅是太清部。洞真部、洞元部、洞神部三洞之辅所会集是正一部。十二类是指本文、神符、玉诀、灵图、谱录、戒律、威仪、方法、众术、记传、赞颂、表奏。

道教是中国本土宗教，朱元璋起义时身边的周颠和张中就是道士，“诚意伯”刘伯温（即刘基）也有道教背景，由此进一步说明中国式农民起义受到的宗教因素影响较大。太祖立国之后，召见江西龙虎山第四十二代天师张正常。明太祖出生极其卑微，一朝登基犹如鸡犬升天般极端高贵，也许正是如此，他“独尊”的意识非常强，容不得任何影响皇权至上的言行与变故，而且性格也变得更直接、生猛。龙虎山张家“天师”的称呼显然不能继续了。所以在与张天师的这次见面中，他下令去除了“天师”称号，改封为世袭的“真人”，称龙虎山“正一真人”。明朝在中央设置道录司，府州县分设道纪司管理全国道教事务。道教承担皇家郊祀活动，所以专门设立了神乐观。到了嘉靖年间，道教最为显贵。嘉靖皇帝信奉道教，道号为“灵霄上清统雷元阳妙一飞玄真君”；修炼了一段时间之后，又加道号为“九天弘教普济生灵掌阴阳功过大道思仁紫极仙翁一阳真人元虚玄应开化伏魔忠孝帝君”；这样还不够，鉴于嘉靖皇帝自认为道法日臻成熟，再加道号为“太上大罗天仙紫极长生圣智昭灵统三元证应玉虚总掌五雷大真人玄都境万寿帝君”。明代道教主要有正一派、全真派、武当派和丹法派（东派）。正一派就是江西龙虎山张真人一派，得到朝廷的扶持与封赏；武当派的创始人是元末明初的张三丰；永乐帝曾大修武当山道观。丹法派主修炼丹，深受皇帝和士大夫的青睐。

明·张宏《鹿寿三星图》
明代道教文化十分兴盛，由此孕育出的绘画作品也富有道教意味。

中国民间宗教的佛、道色彩很浓，

明代流行最广、延续最长的是白莲教，其实白莲教是一个泛称。金庸武侠小说《倚天屠龙记》中的明教已广为人知，其历史背景也正好是元朝末年。明教起源自摩尼教，传入中国之后“合于佛，混于道”，又与“净土宗之白莲社”“弥勒教”综合，宣扬弥勒佛下凡与明王出世，在民间广泛传播。明朝建立后，被公开承认的宗教只有佛教与道教，民间宗教如白莲教一律被禁止，主要是因为民间宗教独立的组织与反叛的教义，不利于政权长治久安。实际上，很多民间宗教的活动一直没有停止。明末白莲教经卷《古佛天真考证华宝经》中记载的无为、净空、红阳、还源、西大乘、龙天、黄天、南无、顿悟、悟明、金山、金禅、圆顿、收圆等都是白莲教的支派。唐云峰、马师祖、罗廷玺、蔡伯贯等是明代中后期白莲教著名的教首。民间宗教既是民众的信仰与寄托，同时也是王朝叛乱的根源之一。果然这样，那是否可以认为民众的信仰与王朝的统治本就必然对立呢？

伊斯兰教唐朝时传入中国，当时称为“大食法”，宋代称“大食教度”，因为“大食”是对阿拉伯世界的泛称。元明时又称“回回教”或者“回回教门”，在蒙古语中，“回回”是对信奉伊斯兰教人的泛称。明清时“清真教”称呼比较普遍，后来人统称伊斯兰教寺院为“清真寺”。

明代民族融合进一步加剧，大量回族人散居内地，众多定居点形成。一般有回民的地方就会有清真寺，事实上，明代内地清真寺数量难以计算。主要集中在以下地区：

北京东四清真寺、西花市清真寺、锦什坊街清真寺、长营清真寺。

河北保定清真西寺、宣化清真南寺、沧州清真北寺、大厂清真寺、山海关清真寺等。湖北有沔阳清真东寺。

山东济南南关清真寺、德州北营清真寺、禹城韩寨清真寺、青州清真寺、菏泽西关清真寺等。天津天穆清真寺、金家窑清真寺。

宁夏同心大寺、纳家户清真寺、银川南关清真寺、单家集清真北寺。

甘肃绣河沿清真寺、华寺清真寺、旧城清真上寺、徽县清真寺、武都清真寺。

陕西西安羊寺清真寺等。

山西长治南寺、北寺。

青海西宁东关清真大寺，北关清真寺、康家清真寺、阿河滩清真寺。

四川成都鼓楼街清真寺。

重庆清真西寺、都江堰市清真南寺、平武清真寺等。

云南昆明顺城街清真寺、沙甸清真寺、寻甸清真寺、小围埂清真寺、回回营清真寺等。

河南郑州北大寺、开封文殊寺街清真寺、朱仙镇清真北大寺、博爱县西关清真寺等。

湖南常德清真古寺。

江苏南京净觉寺、常州清真寺、六合南门清真寺等。

北京利玛窦墓

浙江嘉兴清真寺。

安徽合肥清真寺、太和清真寺、寿县城关清真寺、安庆清真寺等。

江西赣州清真寺。

此外辽宁的锦州、沈阳及其他省份还有很多清真寺。如此数量众多的清真寺和回民村落“落地”于汉人之中，一方面说明了各民族之间彼此的共处与融合是基于对共同身份的高度认同，即同处于中华大地，同为民族大家庭的一员。另一方面也是朝廷的民族以及宗教政策起到的积极作用。众多明代清真寺都受到所在地官府的保护。

1956 年在江苏扬州一处墓葬中，发现了一道永乐谕令：

朕惟能诚心好善者，必能敬天事上，劝率善类，阴翊皇度，故天锡以福，享有无穷之庆。尔米里哈只，早从马哈麻之教，笃志好善，导引善类，又能敬天事上，益效忠诚，眷兹善行，良可嘉尚。今特授尔以敕谕：护持所在，官员军民，一应人等，毋得慢侮欺凌。敢有故违朕命，慢侮欺凌者，以罪罪之。故谕。永乐五年五月十一日。

这道谕令应该曾被雕刻在石碑上，并立于各地清真寺之中。

明代宗教生活中的新成员是从西方世界传入的基督教。明后期西方传教士的来华带来了真正的来自西方世界的宗教，只是传教士们最初的活动均以失败告终，他们都不禁感慨中华文化的博大精深，仅凭一种纯粹的外来文化要想渗透进中国文化的内部，实在是太困难了。

但是传教士们锲而不舍，进行了变通。他们移风易俗，打扮成士大夫模样，把基督教与儒学结合起来以向社会上层宣扬，又与佛道和民俗结合向广大民众宣传。罗明坚在肇庆建立起了第一座天主教堂，而利玛窦紧随其后在韶州建立了第二座，此后不久，韶州的教徒人数就已经超过八百人。之后，利玛窦继续

[德]鲁本斯《金尼阁传教士像》
明末清初来华的耶稣会士留下的足迹众多，除了利玛窦，法国人金尼阁也十分著名。据称，他在欧洲许多场合都以中式服装出现，热情游访宣讲，以期能够募得来华传教的资金。

在南昌、南京等地建立教堂。1605 年利玛窦正式在北京建立教堂，接受洗礼的教徒超过二百人，到了 1609 年，他在北京成立了中国第一个圣母会。此间，意大利籍耶稣会会士郭居静接受徐光启的邀请，前往上海传教，受洗礼人数近二百人。到了崇祯年间，上海的教徒已经有了一千人之多。

虽然基督教传播范围广阔，速度惊人，但事实上基督教在中国的传播却是在艰难中前行。利玛窦的去世无疑是基督教在中国事业的巨大损失。基督教在当时的传播与传统知识分子中分化出的一部分人形成了良好的互动，比如徐光启、李之藻和杨廷筠，特别是徐光启是“实学”的倡导者。又如李贽，他的思想被现代日本学者认为是“前近代中国思想”内容。不过基督教在当时的传播也引起了士大夫的反对与中西文化的冲突，其中“南京教案”就是一个典型案例。

《利玛窦画像》

忘忧清乐

虽然说中华民族勤劳勇敢，但是在勤劳之余不仅需要休息，还需要娱乐，娱乐不仅能增添生活乐趣，也在不断繁荣社会文化。只不过历史上能留存下来的休闲娱乐与终日劳作的人们似乎没有太大关系，对那些不管是否劳作终日都食不果腹的人们而言，就更无关紧要了。历史往往就是这样，有的东西可以留下，有的东西就没了踪影。

明人的娱乐生活整体来说是相当的丰富多彩，有戏曲杂技、堂会社戏、逗闷的乐子、山歌俚曲、说书、弹词、语言和文字游戏等，大大小小、方方面面的内容不胜枚举。其中梨园是知识分子文化生活的重要内容，也是士大夫们平日里休闲的一个好去处。有条件之家常年供养着戏班子，逢年过节凡遇喜庆就搭台唱戏。城市里也有固定的戏院和流动戏班子。明太祖当家的时候，对消遣娱乐控制得很严，他曾下旨："在京但有军官军人学唱的，割了舌头。下棋打双陆的，断手；蹴圆的，卸脚；做买卖的，发边远充军。"显然，这位开国皇帝不能容忍百姓一味地享受生活。不过，消遣娱乐这种东西是禁止不了的。平民百姓倒好说话，关键是皇室和官宦，有大把的时间、金钱，闲来之时不搞娱乐，日子又怎么熬得下去？最先冲破禁令的往往是皇帝及官僚，对广大的民众则是用教化剧进行洗脑，甚至是愚民。永乐九年，有大臣上奏，建议允准百姓、倡优扮演杂剧。这些杂剧的主题只能是忠孝节义、歌颂太平。不得有丝毫的亵渎帝王将相、古代圣贤之举。明代中期之后，皇帝不上朝，自己玩得紧，文武大臣也只顾着休闲、幽雅的贵族生活，所以百姓就更不把禁令之流太当回事了，各类娱乐消遣项目层出不穷，还出现了取自现实素材的《正德嫖院》。

明末南京城的戏行主要集中在水西门、淮清桥一带。水西门有总寓（类似于戏行的营业部）一个，淮清桥有总寓三个，最著名的两个戏班是"兴化班"与"华林部"。他们演出的内容都是名冠一时的大家之作，如《鸣凤记》，据说是王世贞所作。汤显祖生前曾为一代戏剧活动的领袖，彼时南京城技艺高超而广为人知的梨园戏班就有数十个之多。经常有一些好事的商人等挑起戏班竞赛，也可以算作一种“擂台赛”。北京的椿树胡同有大量戏班停留，走到胡同巷口就能看到某某戏班的红贴纸。古语说：“婊子无情，戏子无义”，说明戏子也是被看不起的那类人群，他们为了能在社会上混口饭吃，四海为家，被人视为玩偶，如果感情太过丰富的话是活不下来的。当时北京较大戏班的戏子们主要来自浙江，时人称之为“戏文子弟”，一般来讲都是贫苦人家的孩子，不过也有富裕之家的“不肖”子弟会到戏班子里体验生活，算得上是早期的“票友”吧，一旦玩腻了也就脱离戏班。明代戏班在逢年过节时是最忙的，平时主要是唱堂会和社戏，唱堂会主要是主人家宴会请的戏班子。民间社戏一般都在城隍庙、关帝庙等公共空间举行。正德年间顾佐上奏请求严禁官妓，导致大量的官营娱乐场所关闭，在京官员无以为乐，遇有宴会就只能以唱小曲以供消遣，这又使得明代的小曲盛行一时。纨绔子弟自古有之，年轻的学子们调皮玩乐也不是类似当今所谓“90 后”的特色，而早在明代的学生就已经对老师“阳奉阴违”了。

宪宗成化年间，苏州府有位狂士桑悦，估摸着是为道学先生吧，他就对文人学子们风流快活的学习方式很厌恶，写了一首打油诗来讽刺之。

提学来，十字街头无秀才。提学去，满城群彦尽沉醉。青楼花英，东坡巾。红灯夜照，《西厢记》，长短句。

十几岁的秀才们就已经掉在如云的女子堆里了，难怪明代的文人一生桃艳无数。无论是低级功名的秀才生员，还是高级功名的学士举子，都懂书画歌曲，叫上几个戏子，敲敲打打，吹吹唱唱。如果有人抗议，他们会说，这是成祖的圣训，因为永乐十五年，朝廷曾经采集南北曲调四百余首，令各地生员习唱。原本是教化的曲子，到了后来却只剩曲子而散了教化。

百戏是对歌舞小曲、杂技表演等的泛称。明代江湖艺人靠百戏谋生，经常在市镇、水陆码头表演，民间杂耍也十分流行。《如梦录》一书中提到的杂耍就包括高竿索上、走索、跟斗、吞剑、舞刀、舞盆、踏高跷、撮戏法、摆架子、牵丝戏、隔壁戏等项目。《帝京景物略》记载北京清明节时期的百戏艺人的活动，包括扒竿、筋斗、钻圈、叠案、筒子、解数等。而《吴社编》也真实记录了苏州一带迎神仪式中的各种乐扮和技艺演出，包括傀儡、竿木、刀门、马戏、弄伞、广东舞狮子等。

明代以降正是中国人口激增的一个历史阶段，尤其是明中后期大量人口流入，造成城市空闲人口的膨胀，由此产生了大量的社会问题与社会现象。就不

崇祯本《金瓶梅》插图：西门庆观戏动深悲

断增加的城市居民的娱乐生活来说，出现了大量的俗文化，也可以说是平日里“解闷的乐子”，其中包括博弈、山歌、说书、俗语、酒令、急口令、谜语、方言等。

博弈是赌博与对弈，而事实上赌博在明代就是违律行为。太祖曾经在南京建造了一座逍遥楼，凡是不务正业、游手好闲、赌博滋事的全都被关押在里面，美其名曰“逍遥牢”，只不过“逍遥牢”的示范教育意义大于其实际功能。明代的赌博还有樗蒲、掷钱、投壶、藏钩与猜枚、弹棋、骨牌、升官图、叶子戏、马吊、纸牌、行棋、马城、旋螺城、打马、斗鹌鹑、斗鱼、斗鹅、斗促织、斗蛛、斗蚁、瓜战与庶战等。如此令人眼花缭乱的赌博方式也说明了中国人确实有赌博娱乐的癖好。

对弈主要有象棋与围棋等。

粤式舞狮图

明代江湖艺人靠百戏谋生，经常在市镇、水陆码头表演，民间杂耍也十分流行。其中，舞狮子就是一种流行于南方的常见的节庆民俗表演。

明·杜堇《梅下横琴图》

抚琴赏梅也是明代文人雅士“忘忧清乐”的方式之一。

明代·犀角高仕对弈图

“对弈”在中国有着悠久的文化历史，明人也在闲情逸致中享受下棋带来的乐趣。

山歌、俚曲和小令都是明代的民歌，是俗文化的重要部分。特别是元代以来的小令，在明代逐渐成了民歌的重要表达形式。弘治以后流行的小令有《锁南枝》《傍妆台》《山坡羊》等，最流行的要数《泥捏人》《鞋打卦》《熬鬏髻》三篇，不妨于此试唱一段《泥捏人》以飨读者：

傻俊角，我的哥！和块黄泥儿捏咱两个。捏一个儿你，捏一个儿我，捏的来一似活托，捏的来同床上歇卧。将泥人儿摔破，着水儿重和过。再捏一个你，再捏一个我。哥哥身上也有我，我身上也有哥哥。

此外，明代还流行说书与弹词，至于行酒令等文字游戏不但是士大夫阶层的娱乐必备，也在平民中广泛流传。明人杨大年有一首《闲忙令》：“世上何人最号闲？司谏拂衣归华山。世上何人最号忙？紫微失却张君房。”当时一些士大夫在席间以此令行酒，禁止用故事，只用常言。有人接道：“云云闲，顺风顺水下平滩。云云忙，过关过坝抢头航。”又有人接令道：“世上何人号最闲？娼家孤老包过年。世人何人最号忙，妇女偷情夫进房。”众人听后大笑。又有两个酒徒，一个叫张更生，一个叫李千里，两人喝酒行酒令时相互调侃。李曰：“古有刘更生，今有张更生，手中一本金刚经，不知是胎生？是化生？是卵生？”张曰：“古有赵千里，今有李千里，手中一本刑法志，不知是二千里？是二千五百里？是三千里？”

又有无锡县令卜大有听闻有个后生口才极佳，就萌生了戏谑之心。

一次与朋友武进赴县酒会，卜曰：“我有一令，不能从者，罚一巨觥。两火为炎，此非盐酱之盐。既非盐酱之盐，如何添水便淡？”武进令接道：“两日为昌，此非娼妓之昌。既非娼妓之娼，如何开口便唱？”后生曰：“令不难遵，只是冒犯卜老先生。”众曰：“但言之。”方曰：“两土为圭，此非乌龟之龟。既非乌龟之龟，如何添卜成卦？”

可见酒令之行，无论官肆市井，皆风靡一时，它甚至能成为联络各阶层的

明·杜堇仿五代周文矩《宫中图》所作《仕女捶丸取乐图》（局部）
捶丸，是一项类似于高尔夫的运动。起源于北宋，没落于明清。在古人看来，玩捶丸“球品”非常重要，胜负是其次，修心养性才是真正的目的，能做到“胜负不动于心”才算上品。捶丸发展至明代，从普通大众的游戏渐渐成为专属于贵族、官僚等上层社会的休闲娱乐，对场地和器材的要求更高。

文化纽带。当然，文字游戏除了行酒令之外，还有今人更为熟悉的拆字、灯谜等，诸如此等娱乐能流传至今，的确是中国人生活智慧的结晶，更是一种忘忧清乐，向往恬适的生活情趣与态度。

参考文献

史料类

明·陈子龙等选辑：《明经世文编》，中华书局，1962 年版。
明·申时行等修：《明会典》，中华书局，1989 年版。
清·张廷玉等撰：《明史》，中华书局，1974 年版。
清·顾炎武：《天下郡国利病书》，上海古籍出版社，2012 年版。
明·何良俊：《四友斋丛说》，中华书局，1970 年版。
明·顾廷元：《客座赘语》，上海古籍出版社，2012 年版。
明·陈洪谟等：《治世余闻·继世纪文·松窗梦语》，中华书局，2007 年版。
清·赵吉士：《寄园寄所寄》，黄山书社，2008 年版。
清·陈盛韶：《问俗录》，北京出版社，2000 年版。
明·许自昌：《樗斋漫录》，上海古籍出版社，1996 年版。
明·杨慎：《升庵外集》，四川新都修志局清道光二十四年。
明·谢肇淛：《五杂俎》，上海书店出版社，2001 年版。
清·龙文彬：《明会要》，中华书局，1998 年版。
明·张瀚：《松窗梦语》，中华书局，1985 年版。
明·范濂：《云间据目钞》，清光绪四年，上海申报馆仿聚珍版。
明·叶梦珠：《阅世编》，上海古籍出版社，1981 年版。
明·刘若愚：《酌中志》，北京古籍出版社，2001 年版。
明·张岱：《陶庵梦忆》，上海古籍出版社，1982 年版。
明·李乐：《见闻杂记》，上海古籍出版社，1986 年版。
明·高濂：《遵生八笺》，巴蜀书社，1988 年版。
明·张应俞：《杜骗新书》，百花文艺出版社，1992 年版。

现当代著作

郭厚安编：《明实录经济资料选编》，中国社会科学出版社，1989 年版。
马大勇编著：《红妆翠眉：中国女子的古典化妆、美容》，重庆大学出版社，2012 年版。
蔡山石：《明代的女人》，中华书局，2011 年版。
黎东方：《细说明朝》，上海人民出版社，2013 年版。
王凯旋、李洪权编著：《明清生活掠影》，沈阳出版社，2002 年版。
郑振铎：《中国俗文学史》，上海书店，1984 年版。
周明初：《晚明士人心态及文学个案》，东方出版社，1997 年版。
大丰、朝晖：《中国烟民与烟文化》，岳麓书社，2007 年版。
董国炎：《明清小说思潮》，山西人民出版社，2004 年版。
朱慧国、刘明玉：《明清词研究史稿》，齐鲁书社，2006 年版。
陈清华：《金瓶梅中的情色男女》，崇文书局，2010 年版。
温功义：《明代宦官》，紫禁城出版社，2011 年版。
庄华峰等著：《中国社会生活史》，合肥工业大学出版社，2003 年版。
徐茂明：《江南士绅与江南社会（1368—1911）》，商务印书馆，2004 年版。
冯承钧（译）：《马可波罗行纪》，上海书店出版社，2006 年版。
吕思勉：《中国社会史》，上海古籍出版社，2007 年版。

王熹：《明代服饰研究》，中国书店，2013 年版。
赵连赏：《中国古代服饰图典》，云南人民出版社，2007 年版。
樊树志：《明代文人的命运》，中华书局，2013 年版。
黄能馥、陈娟娟：《中国服饰史》，上海人民出版社，2004 年版。
冯天瑜：《明清文化史札记》，上海人民出版社，2006 年版。
（美国）牟复礼、（英国）崔瑞德编：《剑桥中国明代史》，社会科学文献出版社，1992 年版。
（英）博克舍编注，何高济译：《十六世纪中国南部行记》，中华书局，1990 年版。
张海英：《明清江南商品流通与市场体系》，华东师范大学出版社，2002 年版。
陈玉女：《明代的佛教与社会》，北京大学出版社，2011 年版。
宋立中：《闲雅与浮华：明清江南日常生活与消费文化》，社会科学文献出版社，2010 年版。
林尹：《中国学术思潮大纲》，华东师范大学出版社，2006 年版。
杨正泰：《明代驿站考》（增订本），上海古籍出版社，2006 年版。
陈宝良：《明代社会生活史》，社会科学文献出版社，2004 年版。
吴艳红主编：《明代制度研究》，浙江大学出版社，2014 年版。
王尔敏：《明清社会文化生态》，广西师范大学出版社，2009 年版。
吴淑生、田自秉：《中国染织史》，上海人民出版社，1986 年版。
李桂奎：《元明小说叙事形态与物欲世态》，上海古籍出版社，2008 年版。
萧默：《建筑的意境》，中华书局，2014 年版。
王振复：《中华建筑的文化历程》，上海人民出版社，2006 年版。
李乔：《中国行业神崇拜》，中国华侨出版公司，1990 年版。
何高济译：《十六世纪中国南部行记》，中华书局，1990 年版。
刘昭瑞：《中国古代饮茶艺术》，陕西人民出版社，1987 年版。
陈支平：《近 500 年来福建的家族社会支文化》，生活·读书·新知三联书店，1991 年版。
刘敦桢主编：《中国古代建筑史》，中国建筑工业出版社，1984 年版。
张紫晨：《中国民俗与民俗学》，浙江人民出版社，1985 年版。
陈鹏：《中国婚姻史稿》，中华书局，1990 年版。
利玛窦：《利玛窦的中国札记》，中华书局，2001 年版。
单国强：《明代“院体”》，山东美术出版社，2005 年版。
伊永文：《明代衣食住行》，中华书局，2012 年版。
张传玺主编：《中国历代契约汇编考释》，北京大学出版社，1995 年版。
《历代风俗诗选》，岳麓书社，1990 年版。
《中国古代节日文化》，文物出版社，1991 年版。
《蒙古族简史》，内蒙古人民出版社，1985 年版。

网络检索和资源

中国基本古籍库
读秀学术搜索：http://www.duxiu.com/
超星数字图书馆：http://www.chaoxing.com/
中国知网：http://www.cnki.net/
百度文库：http://wenku.baidu.com/

后　记

用了不长不短的时间完成了好友邢小胖君交给我的这个“任务”，又蒙编辑张弛君不辞劳苦，催促后记，书稿已经在排版了，但仔细审视仍有很多不满意的地方。好似丑媳妇要见公婆了，心太慌，不知所言，就简单地说几句吧。

笔者自语为“混世主义者”。大学读的行政学却喜欢上了历史，考了历史学研究生又做起了政治制度研究，毕业之后却又爱上了社会学，近日又在教授军事学。去年还是史家门下走狗，一转眼就成了社会学座上常客。凡事抱着试试看的态度，也就说不得是什么研究了。而本书只能说是一堆与读者共娱的文字，当今社会泡沫太多，本书身处其中未得幸免，自然也是泡沫一朵。只希望面向大众的生活图志，不会太让大众失望。

我们这一代人，从小到大接触过太多明史题材的历史剧、戏曲和小说故事。明太祖朱元璋丑陋的疑像、宦官的变态与残忍、可悲的末代皇帝吊死在煤山、灭亡之际惨遭“扬州十日”和“嘉定三屠”等，都曾深深地留在我们的成长记忆中，所以就一直觉得明代特惨。再加上明朝的地图像一只被掐着脖子的老鸭，明朝长久地留在人们脑海中的色彩就像夕阳坠落前的故宫，黯淡的绚丽带着一抹凄凉的投影。

这种高度简练的历史呈现和概念化的时间叙述并不是历史本身。我想，通过对形形色色的明代生活的了解会有助于我们改变对这一段历史单一面相的理解，从中也能体味出明代的丰富多彩和轻松惬意。

我们普通大众，不妨在“国家”与“社会”的互动式历史话语之外，试着观看“群氓”的生活。没有宏大叙事，也不是碎片化的研究，仅仅是“观赏”。就像通过农屋的窗子看到田野的风光，这种窗子多了，真实景色的呈现多了，我们便可以感受到“古”“今”的历史渊源，理解“古”“今”的社会变迁，传递“古”“今”的文化内涵。

以上就当是后记罢。

王建辉

2014 年 12 月 12 日

图书在版编目（CIP）数据

回首阅明：明朝生活图志 / 王建辉著. -- 北京：
中国财政经济出版社，2015.8
（中国古代生活史）
ISBN 978-7-5095-5895-9

I. ①回… II. ①王… III. ①社会生活—历史—中国
—明代—图集 IV. ①K248.08

中国版本图书馆CIP数据核字（2014）第286948号

责任编辑：潘飞　　装帧设计：风信子　郑韩樱子
特约编辑：邢小胖　王雯倩　　版面制作：屈艳军

中国财政经济出版社 出版
URL:http//www.cfeph.cn
E-mail:cfeph@cfeph.cn

社址：北京市海淀区阜成路甲28号　邮政编码：100142
营销中心电话：010-88190406　北京财经书店电话：010-64033436
北京新华印刷有限公司印制　各地新华书店经销
165×210毫米　16开　14.5印张　191 000字
2015年8月第1版　2015年8月北京第1次印刷
定价：45.80元
ISBN 978-7-5095-5895-9/K.0029
（图书出现印装问题，本社负责调换）
本社质量投诉电话：010-88190744
反盗版举报热线：88190492　88190446